馬王堆出土文献訳注叢書

五行・九主・明君・徳聖

——《老子》甲本巻後古佚書

馬王堆出土文献訳注叢書編集委員会編

齋木哲郎 著

東方書店

五行・九主・明君・徳聖❖目次

解説

五行篇

一　馬王堆「帛書五行篇」と郭店「楚簡五行篇」

馬王堆「帛書五行篇」は一九七三年一一月から同年一二月にかけて行われた中国湖南省長沙市の馬王堆漢墓の発掘調査時に、その第三号墓から出土した一群の帛書中の一篇である。より詳細にいえば、その時に出土した『老子』甲本の巻後に附載された四篇の古佚書劈頭の一篇で、「五行篇」と言った篇題はもともと存しない。それを「帛書五行篇」と命名したのは龐朴氏（「帛書五行篇校注」『中華文史論叢』一九七九年四期）であった[一]。龐朴氏がこの帛書古佚書を五行篇と呼んだのが正しかったことは、それがその後ほどなくして中国湖北省荊門市の戦国中期の楚墓、地名に因んで郭店楚墓と呼ばれる墓から出土した「竹簡五行篇」が馬王堆「帛書五行篇」の前半部分と一致して、そこには「五行」の篇題が付せられていたことからみごとに証明されたのである。そのことはまた、馬王堆「帛書五行篇」は郭店「楚簡五行篇」を基にしてそれを発展させ、更に多くの思想を取り込んで成立していることを物語るものでもある。そこでまず馬王堆「帛書五行篇」（以下通例に従い「帛書五行篇」と簡称することにする）が基づくことになった郭店「楚簡五行篇」（以下、通例に従い「楚簡五行篇」と簡称することにする）の方からその概略を窺うこととする。

「楚簡五行篇」が出土したのは一九九三年の一〇月のことで、今から一四年前のことである。墓葬が発見された場所は先にも述べたように湖北省荊門市、より正確に言えば市内沙洋区西方郷郭店村。その南側には九キロ先に早く楚の都として使用された紀南城がある。墓主（被埋葬者）の身分は湖北省荊門市博物館に拠れば「田禄」（領有地）を有する「士（上士）」階級の者であるという（「荊門郭店一号楚墓」『文物』一九九七年七期）から、楚国の貴族階級に属する者であることには間違いない。その湖北省荊門市博物館の説明に拠れば、「楚簡五行篇」はその両端が梯形に削られた長さ三二・五センチの竹簡五〇枚を使って書かれており、第一号簡の書き出しの部分には「五行」の二文字が記されて、この竹簡五〇枚に書かれている内容が戦国中期には「五行」の名で呼ばれていたことを物語っている。そしてその後いつの時にか大幅に篇章が増幅され、漢の文帝時には「帛書五行篇」のような形で著わされているわけである。

　次に、「帛書五行篇」について説明する。それが「楚簡五行篇」を基にして著わされたものであることは、今しがた述べた通りである。書体は篆体に近く、字体の面と篇中に劉邦の諱「邦」を避けていないことから、その抄写年代（「五行篇」の内容が帛書に書かれた時期）は秦の滅亡（紀元前二〇六年）以前であるといわれる。一説に漢初の頃は避諱の制度がまだ厳格に守られておらず、よし守られたにしても邦の諱を避けるのは劉邦の没後のことであるから必ずしも漢以前に拘る必要はなく、同墓出土の、『老子』甲本巻後古佚書と同じ字体で書かれた「刑徳」に関する佚書中に「今皇帝十一年」「乙巳」の記述があることから、ほぼ漢の高祖劉邦の一一年（紀元前一九六年）前後である、ともいわれる。抄写年代をほぼこの時期に見定めることが可能であれば、この「帛書五行篇」に記される思想内容の成立は当然漢代を溯って秦代、もしくはそれ以前のいずれかの時期にあることが予想されよう。全篇は約五四〇〇字、一八一行から成り、一七段に分けられる。篇全体の構成は、帛書の行数でいえば、第二一四行目を境として二つに分かれ、前半は仁・義・礼・智・聖の五徳がどのようなプロセスを経て人の道徳として完成されてくるかを説くテーゼの総説、当時の中国の学術用語で言えば「経」の提示であり、後半はそのテーゼをパラフレーズする敷衍解釈、やはり当時の学術用語でいえば「説」に相当する。そして注目しなければならないのは、こうした「帛書五行篇」の構成の上で「楚簡五行篇」が占めるのは龐朴氏が「経」と呼んだ部分に限られるということであり、このことは、「帛書五行篇」が「楚簡五行篇」を大幅に増幅させて成立しているということが、実は「楚簡五行篇」を経文としてそれに対して逐一解説を施す作業であった、ということを示すことにほかならない。

ただし、注意を要するのは、「楚簡五行篇」と「帛書五行篇」の前半部分、すなわち龐朴氏が「経」と呼んだ部分を比較すると両者の間には文章の配列に違いがあり、両者のコンテキストを比較した場合、「帛書五行篇」のコンテキストの方に五徳が発現してくるプロセスに論理的な整合性があり、一貫性があるということである。たとえば、「楚簡五行篇」及び「帛書五行篇」は龐朴氏の様に全部を二十八章に分けることができるが、その「帛書五行篇」の配列一～二十八章は、「楚簡五行篇」では一↓二↓三↓四↓五↓六↓七↓八↓九↓十三↓十↓十一↓十二↓十七↓十八↓十九↓十四↓十五↓十六↓二十↓二十一↓二十二↓二十三↓二十五↓二十四↓二十六↓二十七↓二十八となっていて、「帛書五行篇」の方は「楚簡五行篇」の文の配列を変えた跡が顕著である。そして注目すべきは、既に邢文氏によって指摘されたところではあるが、十三↓十↓十一↓十二となっている部分の五行の配列が「聖・徳・仁・義・礼」となっていて、「楚簡五行篇」の結びの部分が「仁・義・礼・徳」となっているのと対応しないのに対し、「帛書五行篇」の方では、十↓十一↓十二↓十三となっている部分の五行の配列は「仁・義・礼・徳」となっていて、結びの「仁・義・礼・徳」と呼応するように配置され、論理的な矛盾を解消させている、という点である。そうした点は、「楚簡五行篇」で言えば、十九↓十四↓十五↓十六の並びになっている部分にも見い出すことができ（「楚簡五行試論」『文物』一九九八年第一〇期）、このことは畢竟「帛書五行篇」が「楚簡五行篇」に解説を加えたときに、併せて「楚簡五行篇」の論理的に不整合な部分を訂正してその完璧性を高めようと試みたことを示すにほかならず、「帛書五行篇」が「楚簡五行篇」に解説を加えてその分量を増幅させているのは、単なる解説部分の増補ではなかったのである。（二）

以上が「楚簡五行篇」から「帛書五行篇」に至っている文献学的な経緯であるが、ならばそもそも「楚簡五行篇」とはいかなる書物か、そしてそれを継承し修訂してさらにそこに詳細な解説を加えて誕生している「帛書五行篇」とはいかなる性質の書物であるのかが、当然問題となる。この点に関して極めて示唆的であるのは龐朴氏の見解であろう。ただし龐朴氏の見解はまだ「楚簡五行篇」が出土していない時の「帛書五行篇」にのみ対するものであるから、部分的には後に訂正する必要がある。

さて、龐朴氏が「帛書五行篇」が出土した当初注目したのは、『荀子』非十二子篇中の「略ぼ先王に法りて其の統を知らず。猶然として材（才）劇しく志大にして聞見雑博なり。往旧を案じて説を造して之を五行と謂ふ。甚だ僻違にして類無く、幽隠にして説無く、閉約にして解無し。……子思　之を唱へ、孟軻　之に和す。世俗の溝猶瞀儒は嚾嚾然として其の非なる所を知らず。遂に受けて之を伝ふ。……是れ則ち子思・孟軻の罪なり」という記述であった。そして龐朴氏はここに見える「子思・孟子の五行説」が「帛書五行篇」の「五行説」とよほど近いとして「帛書五行篇」を「子（思）孟（軻）の五行篇」と断定したのであるが、その主な理由は以下の三点に要約することができよう（以下、引用文は馬王堆漢墓帛書整理小組編老子甲本及巻後古佚書図版に従う。必ずしも龐朴氏の校釈と一致しているわけではない）。

（一）帛書は「仁・義・礼・智」を四行として、「四行の和する、之を善と胃ふ」（龐氏のいう経一。以下の番号は全て龐氏の分章による）・「四行の和する所、和せば則ち同ず。同ずれば則ち善」（経十九）・「四行成りて、善心起こる」（『老子』甲本巻後古佚書之四、後に「徳聖篇」と名づけられる。本書でも後者の呼び名を用いる）ことを説くが、孟子の性善説はこの「仁・義・礼・智」を核心とするもので、帛書五行篇が「仁・義・礼・智」を「四行」として括るのは明らかに孟子の思想を継承しこれを発展させていることを示している。

（二）帛書は「仁・義・礼・智・聖」を「五行」とし、この五行が和した状態を「楽」としているが、『孟子』の中にも「仁・義・礼・智」に併せて「聖」と「楽」に言及する部分があり、万章下篇には「集めて大成すとは、金声して玉　之を振するなり。金声すとは条理を始むるなり。玉　之を振すとは、条理を終ふるなり。条理を始むるは、智の事なり。条理を終ふるは聖の事なり」と、また離婁上篇には「仁の実は、親に事ふること是なり。義の実は兄に従ふこと是なり。智の実は斯の二者を知りて去らざること是なり。礼の実は斯の二者を節文すること是なり。楽の実は斯の二者を楽しむ。楽しめば

則ち生ず」という。このような『孟子』の「聖」と「楽」に対するパラフレーズの仕方は「帛書五行篇」中にも明白に見えていて、

○君子は雑《あつ》めて泰成す。能く之を進むれば君子と為り、進む能わざれば、客《おの》おの亓《そ》の里に止まる。（経二十一）

○君子雑《あつ》めて大成す。雑《あつ》むとは、猶お之を造《はじ》むるがごときなり。猶お之を具うるがごときなり。大成すとは、金声して玉　之を辰するなり。唯だ金声して玉　之を振する者にして、然る筍《のち》に忌《おのれ》仁にして人を以て仁にし、忌義にして人を以て義にす。大成至るなり、神のみ。……能く之を誰《すす》むれば君子と為り、進む能わざれば、各おの亓の里に止まるとは、能く端を進め、能く端を終《み》たせば、則ち君子と為るのみ。進む能わざれば、各おの亓の里に止まるとは、人を割《がい》するを尤《ほっ》するを荘《ぞう》せざるは、仁の理なり。許眨《くさ》を受けざるは、義の理なり。進む能わざれば、則ち各おの亓の里に止まるのみ。亓の人を割するを尤するを荘せざるの心を終たして、仁　四海を腹《おお》い、亓の許眨を受けざるの心を終たして、義　天下を襄《つつ》み成る。亓の中心に由りて之を行うは、亦君子なるのみ。（説二十一）

○金声にして玉　之を振すとは、徳有る者なり。金声は、善なり。王言は、聖なり。善は、人道なり。徳は、天道なり。唯だ徳有る者にして然る筍に能く金声して玉　之を振す。（経九）

と。今、この両者を比較すると単に思想の同一性ばかりでなく用語の同一性までも確認し得るのであり、なかんずく「能く端を進む」「能く端を終たす」の「端」は孟子の四端説の「端」にも通じ、「能く端を終たす」「亓の人を割するを尤するを荘せざるの心を終たす」「亓の吁嗟を受けざるの心を終たす」の「終」は「充」の仮借であって、孟子の四端説が「皆拡めて之を充す」（公孫丑上篇）手段によって完成されるのと同等の関係にある。

㈢　また、このことから『孟子』尽心下篇の「仁の父子に於ける、義の君臣に於ける、礼の賓主に於ける、智の賢者に於ける、聖人の天道に於けるや、命なり。性有り、君子は命と謂はざるなり（仁之於父子、義之於君臣、礼之於賓主、智

之於賢者、聖人之於天道也、命也。有性焉、君子不謂命也）」の「聖人」は本来「聖」であって、朱子が「或ひと曰く、人は衍字なり」（『孟子集注』）とか、郭沫若がこの句は倒置で本来は「天道の聖人に於けるや（天道之于聖人也）」になっていなければならない（『十批判書』）とかいう疑義は一挙に払拭しうる。そもそも『孟子』の中の「聖」の概念には二通りがあり、超人的な意味合いを持つ「聖（人）」とは別に「仁・義・礼・智」と同様人が有する品徳の範囲内の一徳（もともとは聴の意味であったのが引伸して淵博通達の意味となる）の意に用いられる場合もある。後儒は仁・義・礼・智・聖の概念の存したことを知らないで、憶測によりついにこの「聖の天道に於ける」を「聖人の天道に於ける」に改めてしまったのである。等等。

確かに龐朴氏の見解には従うべき点が多々あり、龐氏が提示した資料以外に例えば黄俊傑氏が提示した『孟子』の「四行」の概念、すなわち

仁義礼智は、外より我を鑠するに非ざるなり。我固より之を有するなり。思はざるのみ。（告子上篇）

が「帛書五行篇」の「四行」説と同様であることが、「帛書五行篇」もまた『孟子』からの影響を多分に蒙っていることを示す（「孟子後学対応心身関係的看法」『孟学思想史論（巻一）』東大図書公司、一九九一年）点を加えると、龐朴氏の説は一層蓋然的となろう。

ただし、龐朴氏のこの説はそれが発表された当初から少なからぬ疑念をも伴っていた。それは「帛書五行篇」には『孟子』の思想からの影響以外に『荀子』をはじめ戦国末年の頃の思想が多く見受けられる、という点であった。たとえば、「帛書五行篇」説二十三に「草木の生に遁《したが》えば則ち生有れども、好悪无し。禽獣の生（性）に遁えば則ち好悪有れども、禮儀无し。人の生に循えば則ち巍然として亓《そ》の仁義を好むを知るなり。……心の生（性）を源《たず》ぬれば則ち巍然として亓の仁義を好むを知るなり」というのはまぎれもなく『荀子』王制篇の「水火は気有れども生無し。草木は生有れども知無し。禽

獣は知有れども義無し。人は気有り、生有り、知有り、亦且つ義有り。故に最も天下の貴きと為すなり」を踏まえたものであり、説七に「亓の化するに方りては、亓の羽に在らず」と見える「死」を「化」と表現するやり方は、池田知久氏が言うように戦国末期道家の特有の現象であって、そのことは池田氏の掲げる『荘子』大宗師篇の「方に将に化せんとすれども、悪くんぞ化せざるを知らんや。方に将に化せざらんとすれども、悪くんぞ已に化するを知らんや」によって了解できる（『馬王堆漢墓帛書五行篇研究』汲古書店、一九九三年。このほか、池田知久氏は「帛書五行篇」と戦国諸子との類似性を多岐にわたって指摘されるので詳細は池田氏に譲ることとする）。

かくして「帛書五行篇」の成書年代は決して『荀子』以前ではありえず、また『荀子』非十二子篇に批判される「子思・孟子の五行説」でもありえないことが明らかとなったが、ならば「楚簡五行篇」の方はどうか。こちらは出土した郭店楚墓一号墓が戦国中期（具体的には紀元前三〇〇年頃）のものであることが考古学的に確認されているから、その成書年代はほぼ子思・孟子の後となって、年代的には『荀子』非十二篇の記述と一致する。しかも「帛書五行篇」の中に濃厚に認められた戦国末年の諸子思想からの影響は、「帛書五行篇」の場合、実は「説」の部分に限られたことで、「経」の部分には見られない。そこで、「帛書五行篇」の経の部分、すなわち「楚簡五行説」と同等の部分にはそれが「子思・孟子の五行説」であることを妨げるいかなる理由も存在しないのであり、逆に李学勤氏が述べるように「楚簡五行篇」こそはそれが『荀子』非十二子篇に非難される「子思・孟子の五行説」であることを満たしている（「従簡帛佚籍《五行》談到《大学》」『孔子研究』一九九八年第三期）。ただし、李学勤氏はその具体的な状況を示しておられないので、以下に私流の理解の仕方を示すと、『荀子』非十二子篇中の「略ぼ先王に法りて其の統を知らず」というのは「楚簡五行篇」が篇中で「文王」を引き合いにしていることを指し、非十二子篇で「猶然として材（才）劇しく志大にして聞見雑博なり」というのは「楚簡五行篇」の内容が高尚でありながら論の展開においては詳密さを欠いていることであろうし、「往旧を案じて説を造して之を五行と謂ふ」というのは、五行の立説の基になったのがやはり文王という先聖であったことを意味し、「甚だ僻違にして類無く、幽隠にして説無く、閉約にして解無し」というのはその論の展開があまりに簡易であって、人にその正確な理解を許さない点を批判したものとも思われる。特に最後の「甚だ僻違にして類無く、幽隠にして説無く、閉約にして解無し」の一句はそれ故にこそ後に「説」の様な解説部分を要求する直接の契機になったことを思わせて、「楚簡五行篇」こそはまぎれもなく「子思・孟子の五行説」にほかならいであろう。

以上によって「楚簡五行篇」こそが『荀子』非十二子篇に非難される「子思・孟子の五行説」であることが明らかとなったであろうが、ならば「帛書五行篇」の「説」の部分はいついかなる目的によって著わされたのか。「帛書五行篇」の成書年代が『荀子』より以前でないことはこれまでの考察で明らかなことであり、またその下限は先にも記したように漢の高祖以降ではあり得ない[三]。この点からいえば「帛書五行篇」の成立は秦代かもしくは秦代を少し逆上るいずれかの時期にあり、その著者も秦代もしくはそれを少し逆上る時期の儒者である、と考えられよう。その詳細については「帛書五行篇」の思想とも関連するので、「帛書五行篇」の思想を窺いながら考えることとしたい。

二「帛書五行篇」の思想

「帛書五行篇」の思想がいかなるものであるかといえば、さほど複雑で多岐にわたるというものではない。仁・義・礼・智・聖の五徳を天の所与として人の意識裡に発現し、それを当為として行動に表し、ついには君子としての人格を完成させよ、というものである。その際、「帛書五行篇」は『孟子』の四端説を踏襲し、仁義礼智の四端を「四行」に置き換えてこれを人道とみなし、善を実現し得る道徳能力に比定する。そして仁義礼智に更に聖の徳目を加え入れてこれを「五行」と呼び、これを天道とみなして徳の完成を善の完成より一段高次に置く。『孟子』の四端説を「帛書五行篇」へとその規模を拡大せしめる重要な要因が「聖」であることは自明である。

ならば、仁義礼智聖の五徳を身に修めた者は聖人かというと、そうではない。

五行皆闕の内に刑《あら》われ、時に之を行う、之を君子と胃う。（経三）

のように、聖人ではなくそうした者の止まる領域は君子とされる。なぜそうなのか。「帛書五行篇」には「聖は天に始まり、知は人に始まる。聖を崇しと為し、知を広しと為す」（説十三）といい、「帛書五行篇」と思想的に極めて近い関係にある「徳聖篇」にも「人道を知るを知と曰い、天道を知るを聖と曰う」といって、聖が天の領域に繋がる概念であることを譲らない。ところが「帛書五行篇」では更にその「聖」を説明して「見て之を知るは、知なり。聞きて之を知るは、聖なり」と聴覚を通じた認識法であるとして、これを人が有すべき品徳の範囲内に引き下ろすのであり、聖概念が本来有する絶対性やカリスマ性は、聖が人の品徳に組み込まれるのと同時に人の道徳的資質の枠を押し広げて君子の価値を増幅させることになる。君子の聖人化とも呼ぶべき機能がこの時点で作用するのである。「帛書五行篇」におけるこうした君子像の提示は、「君子」を道徳的修養の完成者に与えられる最高の褒辞とみなしていた当時の儒者が、新たに「聖人」となることを目指した道徳説を模索しなければならなかった状況が、その当時存在したことを示すものであろう。

いったい、「帛書五行篇」が成立したと考えられる秦代もしくは秦代を前後する時期に唯一聖人と称えられたのは秦の始皇帝その人である。始皇帝が天下を統一する少し前、秦の相国となった呂不韋によって編纂された『呂氏春秋』の中には「聖」の概念が頻出しており、始皇帝が天下を統一して以後各地を巡狩して建立した碑文の中には、「皇帝躬聖に、既に天下を平らかにす」（鄒嶧山刻石）・「皇帝　始を作し、聖知仁義なり」（之罘刻石）・「皇帝東游し、……大聖　治を作す。……大なるかな、宇県の中、聖意に承順す」（同上）・「皇帝……聖法初めて興り、疆内を清理す。……後嗣　業に循い、長く聖治を承く」（東観刻石）のように、始皇帝を太平を実現した聖人として描き出して余すところがない。そして『史記』始皇本紀はこの碑文の著者を伝えて「始皇……鄒嶧山に上り、石を立てて魯の諸々の儒生と議し、石に刻して秦の徳を頌す」といえば、これら始皇帝を聖人として描き出した人物は当時の魯の儒者たちにほかならず、秦代の儒者の意識する「聖」「聖人」の概念は全て始皇帝を念頭に置いたものであることが窺われるのである。「子思・孟子の五行説」を「帛書五行篇」

にまでその規模を拡大して、聖人的な規模で新たなる君子像を模索せねばならなかった儒者も、おそらくはこの魯の儒生の一人であるか、この潮流に属する人物であっただろう。ならば一足飛びに「君子」ではなく「聖人」として新五行説を構築すればより直截に儒教の中に聖人を取り込んで、始皇帝と儒者の関係を緊密にすることが期待できたはずなのに、それをしなかったのはなぜか。次に問われるのはその点であろうが、それは「帛書五行篇」を著わした儒者自身の能力や資質に帰して考える必要があろう。聖人についてはすでに孔子が子貢の「如し博く民に施して能く衆を済う者有れば如何。仁と謂う可きか」という問いに答え、「何ぞ仁を事とせん。必ずや聖か。堯舜すら其れ猶お諸れを病めり」という（『論語』雍也篇）ほどに儒者にとっては至高の存在で、その聖人の人間像を分析して描き出す者がいるとすれば、それは堯舜以上の存在でなければならない。そこで秦代の儒者には自分が聖人を語ることはためらわれたのであり、彼らのなしえる限界は、聖人の下に位置する君子を視座にして、そこに聖の領域に関わる全てを盛り込んで君子の規模を拡大するという点に止まらざるをえなかったであろう。それ故に、秦代の儒者たちは、乱世を統一するという堯舜すらなしえなかった偉業を達成した秦の始皇帝を聖人として見い出しながら（この点こそは孔子が聖と評価した「博く民に施して能く衆を済う」と一致し、儒者が始皇帝を聖人とみなすことになったのはこれを契機にするであろう）、彼を視座にして新たな聖人像を創造することは困難となったのである。

「帛書五行篇」の五行説とはこうした意味での聖人的君子の模索であり、そうした君子へ至るための実践式にほかならない。それによれば、聖人的君子となるための最大の要件である徳の修得は、「得《とく》は之《こころざ》さざれば成らず。知は思わざれば得ず」（経四）と、徳の修養に向けて己が意欲を確定するところに端緒が開かれるのであり、「思いは長からざれば得ず、思いは輕《ひさ》しからざれば刑われず」（同上）・「思うとは天を思うなり。輕しとは尚しきなり。」（説六）「刑わるれば則ち忘れず。忘れずとは、其の思う所を忘れざるなり。聖の心に結ぶ者なり」（同上）との聖への希求意欲が強固に持続され続けるところにその達成が予測され、ついには「能く之を進めて君子と為る」（経二十一）理想が実現されるということになる。それ故に、帛書五行篇の講説は、この君子に至らんとする意欲がいかなる形に陶冶され、彼の意識裡に仁・義・礼・智・聖の五徳となって顕在化するかを確認するところに費やされるのである。以下はその特徴的な部分だけを列挙したものである。

君子は中心の憂い毋ければ則ち中心の知无し。中心の知无ければ則ち中心の説《よろこ》び无し。中心の説び无ければ則ち安からず。安からざれば則ち楽しまず。楽しまざれば則ち徳无し。（経二）

というのは君子が具備すべき徳が根源的に「中心の憂い」に淵源する概念であることを説くものであるが、その「憂い」とは帛書のコンテキストに照らして「君子たらねばならない自己が君子となり得ぬことに対する不安や危惧の念」に違いなく、「徳」はそうした不安感や危惧の念が自己を包み込んで君子としての自己実現化を促す原動力となっていることを必要とする。帛書はこの後、「士　君子の道に志す有り。之を之《こころざ》（志）すの士と胃（謂）う」というが、この場合の「士」は『荀子』哀公篇の「人に五儀有り。庸人有り、士有り、君子有り、聖人有り、大聖有り」に照らせば君子の下に位置付けられる。その「士」は「帛書五行篇」では単に「君子の道に志す」といわれ、君子が「中心の憂い」を伴うのと相容れない。であれば、帛書の場合、士と君子の差異は、君子へ至らんとする意欲の強度によって定まるのであり、強度が強ければ強いほどそれは君子に近づいた状況だといえる。

「帛書五行篇」はこの君子に至らんとする強い意欲をまた「精」と呼び（「帛書五行篇」では「睛」に作る）、次のように説く。

知は思わざれば得ず。思いは睛《くわ》しからざれば察《あき》らかならず。思いは長からざれば得ず。思いは輕《ひさ》しからざれば荊《あら》われず。荊われざれば即ち安らかならず。安らかならざれば則ち楽しまず。楽しまざれば則ち徳无し。（経四）

仁ならざるは、思い睛しかる能わざればなり。（経五）

と。「中心」に較べれば、君子に至ろうとする意欲を一層増幅させそこに集中化させた状態で、一種「執心」にも似た意識の状態をいうのである。「帛書五行篇」における君子像の提示はこのようにそこに辿り着くことをモチベーションとする自律的な目的性に支えられているのである。

「精」に続いて示されるのは「慎独」の主張である。慎独は『礼記』の大学篇や中庸篇にも見え、戦国末から漢初にかけての特有の思想であるが、「帛書五行篇」の慎独は、それが身体（もしくは身体的・情緒的な欲求）よりもそれをつかさどる心（意識）の自浄作用（もしくは聖化）として示されるところに典型的な特徴がある。

> 夫れ喪は經を正して領を脩めて哀殺ぐ。内に至る者の外に在らざるを言うなり。是れを之れ蜀《ひと》りと胃う。蜀りとは體を舍つるなり。（説七）

というのは体面的な諸事によって精神の専一を喪失させてはならないことをいうのであり、

> 君子の徳を為すや、与に始まる有りて与に終わる无しとは、与に始まる有りとは、亓の體と始まるを言う。与に終わる无しとは、亓の體を舍てて亓の心を蜀りにするを言うなり。（説八）

というのは、身体的な関心事に終始する態度を捨てて精神的な範疇へ昇華させることをいうのである。また「帛書五行篇」には

> 君子は亓の蜀りを慎む。亓の蜀りを慎むとは、夫の五を舍てて亓の心を慎むを言う。之を……と胃う。然る笱一なり。一とは、夫の五を夫れ一心と為すなり。然る笱徳之れ一なり。乃ち徳のみ。徳は猶お天のごときなり。天は乃ち徳の

み。（説七）

ともいうが、このレベルでの慎独は、体面的・身体的な関心事から解き放たれて心の専一が保たれた状態を天と一体化した境地に見立て、その専一なる心が有する純粋性が人の意識裡に発現してくることを保証するものであろう。

かくして徳は、心の専一や純粋性を媒介にして天と一体になった境地であるから、これを心の聖化と呼ぶことも可能となる。またそれ故に徳の具体的な位相である仁・義・礼・智・聖も、その完成は心の専一化や純粋化のプロセスの中に示されることになる。

臀《した》わざれば説《よろこ》ばず。説ばざれば戚《した》しまず。戚しまざれば親しまず。親しまざれば愛せず。㤅《あい》せざれば仁ならず。（経十）

直ならざれば泄ならず。泄ならざれば、果ならず。果ならざれば簡ならず。簡ならざれば行ならず。行ならざれば義ならず。（経十一）

袁《とお》からざれば敬せられず。敬せられざれば厳あらず。厳あらざれば尊ばれず。尊ばれざれば恭ならず。恭ならざれば礼ならず。（経十二）

嚶ならず明ならざれば、聖ならず知ならず。……仁ならざれば安からず。安からざれば楽しまず。楽しまざれば徳无し。（経十三）

と。ただし、このプロセスで注意を要するのは「變《した》うとは勉むるなり。仁の気なり」（説十）・「直とは亓の中心を直にするなり。義の気なり」（説十一）・「袁なる心とは礼の気なり」（説十二）等、気の作用が考えられていることであろうが、それはおそらく『孟子』の「夫れ志は気の帥なり。気は体の充なり」（公孫丑上篇）の反映であると思われる。

かくして、「帛書五行篇」は仁・義・礼・智・聖の思いを意識裡に確定し、この意識を自然な振る舞いとして己が行為の中に現出させる者＝君子は「忌仁にして人を以て仁にし、忌義にして人を以て義にし」（説二十一）、ついには「五行の和する所、和せば則ち楽しむ。楽しめば則ち徳有り。徳有れば国家與《おこ》る」（経十八）として、さながら『礼記』大学篇の君主が「正心」「誠意」等という意識の陶冶を通じ、太平の世を展望する姿をさえ彷彿させて終わるのである。そして、実はこの「帛書五行篇」こそは、秦代の儒者によって著わされたと考えられる『礼記』の大学篇や中庸篇と緊密な関係にあるのであるが、(四)このことはまた秦代の儒者の最大の課題が聖人君主たる者の道徳観の形成であったことを示していよう。

徳聖篇

『老子甲本』巻後古佚書四篇のうちの最後の一篇。『老子甲本』の第四五一行目から四六五行目に至る、その間わずか一五行の短編で、後半部分は断欠が甚だしくほとんど判読が不可能である。内容は「五行篇」とほぼ同様である点から言えば、「五行篇」のように秦代の儒者の手になったと考えられよう。

「徳聖篇」といった篇題はもとからあったわけではなく、今日の慣例として帛書整理小組・国家文物局古文献研究室に従ったまでであるが、龐朴氏は「馬王堆帛書《老子》甲本巻後古佚書之四」と呼び、魏啓鵬氏は別に「四行篇」と命名する。魏氏の場合、この篇を「四行篇」と名づけるのは劈頭の「四行成りて、善心起こる」に拠るのであろうが、けれどもこの篇に記されるのは「五行篇」が「五、和する、之を天道と胃（謂）い、……徳は、天道なり」（経二）という五徳行であり、更に「聖」の概念についてであるから、「五行篇」で徳の前段階に位置付けられる「四行」を以てこの篇を呼ぶのは無理がある。帛書整理小組・国家文物局古文献研究室のように「徳聖篇」の名で呼ぶのが妥当であろう。

ところで、「徳聖篇」の思想がいかなるものであるかというと、今し方述べたようにほとんど「五行篇」と同様であるが、それでいて詳細に見てみると、両者の間には大きく二つの点で異なっているのに気づかされる。その一つは「徳聖篇」は出だしでこそ「四行成りて、善心起こる」とはいうものの、それ以外は全て五行の「徳」についてであり、さらにその境地が「聖」であることの説明に終始する点である。「五行刑われて悳心起こる。和する、之を悳と胃う。亓《そ》の要、之を一と胃う。亓の愛する、之を天と胃う。之を有する者は之を〈君〉子と胃う。五者は一なり」というのは、「徳」を更に「道」「一」「天」「君子」の各位相で捉えて徳の規模の拡大を目論むものであり、続けて「聖は、天の知なり。人道を知るを知と曰い、天道を知るを聖と曰う。聖は声なり。聖は知なれども、聖の知は天を知り、亓の事化翟たり」というのは、「五行篇」で「徳は天道なり」と天の高みで示された徳を人の意識裡に招来させる手段として「聖」を掲げ、それを天道を認知する手段として描き出すものである。人道である「四行」の「善」を実現するにすぎない人間は、この時点で天道である徳を己が意識裡に招来する手立てを得たことになり、それをなし得た者は聖の能力を有して単なる君子ではなく、限りなく聖人に近づいた君子となって、君子の規模が一挙に拡大されることになるのである。

もう一つは、「徳聖篇」が描き出す徳や君子には極めて道家的な色彩が強い、ということである。「清濁は悳の人なり。悳は清濁の濂なり。身調いて神過ゆ、之を玄同と胃う」というのは、徳を音楽の清音と濁音のハーモニーに譬え、それがなった人間の境地を『老子』の「玄同」の語で形容するものである。篇の後半部分にも、「聖にして退くを忘れ、悤明知を去る」や「亓の善は後れて之を為すに同ず。之に後るること已だ高ければ、登る所愈々高し」等の語が見えていて、それがどういう文脈で続くのかは断欠が激しくて不明であるが、それにしてもこうした道家的な言辞が「徳聖篇」の徳や君子に道家的な風貌を与えているのは見逃しにできない。あるいは、「五行篇」の君子を更に当時「黄老思想」の名の下に盛行した道家思想で粉飾し、改めて道家的な君子像を模索せざるをえなかった産物がこの「徳聖篇」であるということが、この篇に道家的な色彩を与えている大きな理由かもしれないが、なお推測の域をでない。

ならば、「徳聖篇」は『漢書』芸文志に記されるいずれの書に比定されるべきかということを当然考えなければならないのであるが、それを判断する材料を欠いている現段階では無理である。

九主篇

帛書「九主篇」が馬王堆帛書『老子』甲本巻後古佚書の一篇であるのは「五行篇」「明君篇」「徳聖篇」と同様である。篇題の「九主篇」とはもともと帛書自体にあった訳ではなく、国家文物局古文献研究室などが通常この書を呼ぶ呼称に従ったまでである。この書はまた篇中、伊尹が殷の湯王に国を興し滅ぼした「九主（九人の君主）」を説明する構成をとることから『漢書』芸文志道家略に著録される『伊尹』五十一篇の一篇ではないかと疑われて、「伊尹・九主」と呼ばれることもある。

『史記』殷本紀によると、伊尹が「九主篇」を著わす切っ掛けとなったのは、殷の湯王がまだ夏の桀王を滅ぼす前、伊尹が世の隠れた逸材であることを耳にして五たび彼を招聘してようやく臣下とすることができたことである。伊尹は湯の家臣となると、湯王に「素王（天子となるべき優れた資質を有しながらその地位を得ていない者）」と「九主」の事を述べてこれを書に著わしたのであり、その折りの「九主」が今回馬王堆漢墓から出土した「九主篇」に相当するのである。『史記集解』の著者、宋の裴駰は『史記』殷本紀の「九主」を説明して、

劉向の別録に曰く、九主とは法君・専君・授君・労君・等君・寄君・破君・国君・三歳社君なり。凡て九品有りて、其の形を図画す。

という。帛書の「九主」は「法君」「専授の君」「労君」「半君」「寄君」「破邦の主二」「滅社の主二」であって、これを劉向の掲げる九主に較べると、「専授の君」が「専君」と「授君」に分けられ、「破邦の主」が「破君」と「国君」に分けられ、「破邦の主二」の「二」が「三」に誤って下の「滅社の主」に繋がり、その際「滅」が「歳」に誤るなど（以上の指摘は凌

裏＝李学勤氏のペンネームの「試論馬王堆漢墓帛書『伊尹・九主』」『文物』一九七四年、第一一期、による）劉向の前漢の晩期にはすでに「九主篇」の理解に誤りが生じていること、見てとれよう。けれども、劉向が最後に「其の形を図画す」というのは、帛書の「九主　図を為る」と一致して、その図の一部が出土した帛書の中に含まれていることから、凌襄氏のいうように、この帛書「九主篇」は司馬遷が『史記』を著わす際に、また劉向が「別録」を著わす際に見た「九主」と全く同じものとみてよい。

ところで、清代の儒者馬国翰は『史記集解』に引く劉向の別録の文を「九主」の佚文とみなし、これを『伊尹書』一巻の中に含めている。仮に馬国翰のこの操作が正しいものであれば、帛書「九主篇」は『漢書』芸文志道家略に「伊尹五十一篇」と著録される伊尹書の一篇であった可能性がある。馬国翰が輯佚した『伊尹書』を見ると、『逸周書』王会解の「湯問伊尹曰」以下を「四方令」と題して『伊尹書』の一篇とし、同様に『呂氏春秋』本味篇・先己篇の湯王と伊尹に関する記述を「本味」「先己」と題し、賈思勰の『斉民要術』巻一種穀第三に引く「氾勝之の書」の「湯有旱災」以下を「区田」と題して『伊尹書』の中に入れ、そのほか題目を掲げずに「伊尹」に関する説話を『尸子』・『韓詩外伝』（巻三）・劉向『説苑』君道篇・同権謀篇より集めてこれに「雑篇」の題目を与えている。けれどもこれらは互いに類似し関連し合うというものではなく、帛書「九主篇」と比較してみても、凌襄氏のいうように、たとえば『説苑』の臣術篇で「伊尹書」とみなされている部分で「大夫の事は常に仁に在り」「列士の事は常に義に在り。道徳仁義定まりて天下正し」というのは、帛書「九主篇」の思想と決して相容れるものではない。このように、馬国翰が『伊尹書』とみなして集めたものは、そこに『伊尹書』としての共通の主張や思想を求めるのは困難で、伊尹に関する様々な記録や説話のアンソロジーにほかならない。『漢書』芸文志道家略に載せる「伊尹五十一篇」はおそらくは一人一時の作ではなく、伊尹に関する伝承が説話として記録される過程で生まれた様々な作品が前漢の終わり頃までに「伊尹」の名の下に一書に編集され、それがそのまま一書として『漢書』芸文志に著録されたというのに過ぎないのではないか。帛書「九主篇」の内容が劉向の「別録」に解釈においては誤りを来しながらも忠実に記録されているのは、帛書「九主篇」もそうした過程をへて「伊尹五十一篇」の中に収められていることを示していまいか。

　ならばこの書がいつ頃著わされたのかというと、書中に劉邦の諱「邦」及び秦の始皇帝の諱「正」が使われて避諱の制度が守られていないことからは、秦漢期以前であることは明らかである。凌襄氏は帛書「九主篇」に見える「天企」の「企」の字は「法」の古文で、その字体は『管子』軽重戊の「周人之主、循六峑」の「峑」（凌氏は聞一多に従って「六峑」とは易緯通卦験の鄭注の「六法」のことであるとする）と同一の書き振りであるから、帛書「九主篇」は戦国時の著作であることは間違いない。また、「九主篇」に見える「専授」の語はその用法から見て『管子』明法及び明法解の「専授則失」と同様であるから、両書の成立時はほぼ同じい。そこで帛書「九主篇」は戦国中期かそれよりも少し後である、とする（前掲論文）。これに対し魏啓鵬氏は帛書「九主篇」に見える「形名の説」はすでにその濫觴が『荘子』天道篇の「形有り、名有り。形名は古人之れ有り」や「礼法数度、形名比詳は、古人之有るも此れ下の上に事《つか》うる所以にして、上の下を畜《やしな》う所以に非ざるなり」の中に見い出せること等から、その成立は春秋時代末期よりも後れることはない、とする。けれども、魏氏の場合、帛書の理解に不十分なところがあって、それ故に誤解を来しているところがある。たとえば、魏氏は帛書に見える「寄主」とは「寄公」のことで、それは『儀礼』喪服子夏伝に「寄公とは何ぞや。地を失うの君なり」と見える君主をいう。こうした寄公が多く現れたのは春秋後期であるから帛書「九主篇」は春秋後期の社会状況を描き出している、という（「前黄老形名之学的珍貴佚篇——読馬王堆漢墓帛書《伊尹・九主》」『道家文化研究』第三輯、上海古籍出版社、一九九三年八月）。けれども、帛書の「寄主」は、「寄主とは半君の吾《さと》らざる者なり」といわれるように、統治権の大半を臣下に奪われながらそうした状況の危険性に気づかないでいる君主を指すのであって、『儀礼』の「地を失った」君主とは別人である。「寄主」の語は決して帛書「九主篇」が春秋後期の作であることを物語ることはない。

　こうしてみれば、帛書「九主篇」は秦漢以前の著述であることには誤りないが、それを春秋時代にまで引き上げるのは無理で、凌襄氏のように戦国の中期に置くのが無難であろう。凌襄氏とほぼ同じ見解に立つ研究者に余明光氏（「帛書《伊尹・九主》与黄老之学」『道家文化研究』第三輯、上海古籍出版社、一九九三年八月）がいる。余氏が特に強く主張するのは、（1）

君主を帛書「九主篇」のように分類するためには、それに類する君主像をそれ以前に歴史的経験として有しておらねばならず、それは戦国中期以後にして初めて可能である、(2)『管子』の「七臣七主」は帛書「九主篇」の「九主」を雛型として使用しているふしがあり、『管子』の成立は戦国の中晩期である、(3)帛書「九主篇」に見える「天範」「天倫」の概念は戦国中期に生まれたものである、(4)帛書「九主篇」が主張した「制令在主」は新興地主階級の政権と密接な関係にあり、戦国中期の思想家慎到・申不害から戦国末の韓非子に至るまで連綿として唱えられてきたことである等の諸点を理由に、帛書「九主篇」の成立はほぼ戦国の中期である、と説くのである。余氏の見解は秦帝国成立の直前に編集された『呂氏春秋』の思想と比較的近い（後述）ことからも容認されるべきであり、これによって帛書「九主篇」の成立時を戦国の中期に比定しえることは、極めて蓋然的となったといわなければならない。

そこで次に問題になるのは、帛書「九主篇」がどのような思想を有し、それは先秦思想の展開の上でいかなる位置を占めるのかということであろうが、この書の出色の特徴は、なにを差し置いても『漢書』芸文志が『伊尹』五十一篇を道家略に分類していたように、その道家思想的傾向、なかんずく戦国から秦漢にかけて盛行した道家の形名思想に求めなければなるまい。

帛書「九主篇」の形名説は

主は天に法り、佐は地に法り、輔臣は四時に法り、民は万物に法る。此れを法り則ると胃う。天は腹《おお》い地は載せ、生・長・収・臧、四時を分かつ。故に曰く、事の分は職臣に在りと。是の故に受職……臣分……臣の分なり。民を有するは主の分なり。職《し》る无きを以て並びに職る有るに恥《き》くは、主の分なり。〔中略〕之を分を明らかにすと胃う。分・名暨（既）に定まれば、法君の佐　主を佐けて声无し。天の四則に命ずるを胃う。四則……に当たらば、天倫乃ち得らる。道を得るの君には、邦は一道より出でて、命を制するは主に在り。

のように、民を有する絶対的権限を持つ君主は天に法って、地に法る大臣（法臣）と四時に法る群臣に応分の職掌と職責を課し、彼らにその職務の遂行と報告を義務づける。実質、政治の実務を担当するのは大臣や群臣であるが、彼らのなしえることは職掌の範囲内に限られていて、そこでの精励が義務づけられているのであるから、君主はただそうした臣下の報告を受けて彼の職掌と職責が一致しているか否かを審覈するだけでよい。君主が政治の細部に介入することなく、臣下の職能が発揮されることで、国家の行政はその間に何の障碍も起こり得ず、君主の支配は盤石となる。こうした支配形態こそは天が地を支配し、天地が四時を支配し、その四時の循環の中で万物が生命を育む自然の秩序に適うものであるとして、これを君主による臣民の統治の理想として示すのが帛書「九主篇」の立場であると言ってよい。

この時、帛書「九主篇」の形名思想が特に道家思想としての特質を有するとみなされることになるのは「（君主は）職る无きを以て并びに職る有るに恥くは、主の分なり」が馬王堆帛書巻前古佚書「経法」の「見知の道は唯だ虚にして有る无し。虚にして有ること无ければ、秋稿之を成し、必ず形名なり。形名立てば則ち黒白分かる。故に道を執る者の天下を観るや、執る无く、処る无く、為す无く、私する无し」（道法）や、戦国末の道家思想の一端を伝える『韓非子』主道篇の「道は万物の始めにして是非の紀なり。……故に（明君は）虚静にして以て待ち、名をして自ら命ぜしめ、事をして自ら定まらしむ。虚ならば則ち実の情を知り、静なれば則ち動の正を知る」、更には『史記』太史公自序の「六家要指」の「道家は無為にして又為さざるは無しと曰う。其の術虚無を以て本と為し、因循を以て用と為す」と一致するからである。こうした道家の形名（参同）の説の大きな特徴は、君主は、君主が無為（自己の意欲の所在を蔽い隠し、臣下に自己の意に迎合することを許さないの意）をかこって臣下に付け入る隙を与えまいとする点に存するが、この時、道家は君主がそのように無為を装わなければならない根拠を、彼らの奉ずる「道」の様態が「虚静無為」である点に求める。その意味では、君主が臣下に対して自己の意欲を韜晦しなければならないとするのは、「道」の様態が「虚静無為」であることに倣った擬道的行為であるとみなせなくもない。

ところが、帛書「九主篇」の形名説の根拠はというと、「道」ではない。道ではなくて「天」「地」「四時」の自然の秩序である。また、こうした道家の形名説が一様に「実定法」としての法の意識を伴っているのに対し、帛書「九主篇」はその意味での法を説くこともない。これらの面で、帛書「九主篇」の形名説は「経法」等の道家思想と袂を分かつことになるのであるが、帛書「九主篇」の形名説が天・地・四時を根拠にするという点に着目すれば、帛書「九主篇」の思想は『呂氏春秋』によほど近い。

周知のように、『呂氏春秋』十二紀六十一篇は自然と政治の相即を目論んだ政治暦とも呼ぶべきものであるが、その六十一篇の構成は孟春紀・仲春紀・季春紀・孟夏紀・仲夏紀・季夏紀・孟秋紀・仲秋紀・季秋紀・孟冬紀・仲冬紀・季冬紀の一二月紀より成り、各月紀には各々五篇が配される。そして、配される各篇の内容は、春の場合、春の作用が「生」であることから本生・重己等の生を主題にする一五篇が孟春紀・仲春紀・季春紀の三箇月間に、夏の場合、夏の作用が「長」であることから音楽に関する侈楽篇・適音篇等の一五篇が孟夏紀・仲夏紀・季夏紀の三箇月間に、秋の場合、秋の作用が「収」であることから兵事に関する蕩兵篇・禁塞篇・振塞篇等の一五篇が孟秋紀・仲秋紀・季秋紀の三箇月間に、冬の場合、冬の作用が「蔵」であることから喪葬に関する節葬篇・安死篇等の一五篇が孟冬紀・仲冬紀・季冬紀の三箇月間に配置されているのである（最後の一篇序意篇は後序にあたる。以上の点は繆鉞氏「呂氏春秋撰著考」『中国文化研究彙刊』第六巻、一九四六年・徐復観氏「呂氏春秋及其対漢代学術与政治的影響」『両漢思想史〈巻二〉』香港中文大学、一九七五年、に詳しい）。こうした構造は、『逸周書』周月解の「萬物、春に生じ、夏に長じ、秋に収め、冬に蔵するは、天地の正にして、不易の道なり」という思惟をそのまま政治の原理に応用して生まれたものである。そして、その『呂氏春秋』の中には、君主が臣下に政治の実務を委任した上で、彼らの職掌と職責の一致を審覈する形名説が君主の任務として提唱されるが、その際に君主が自己の有能を誇ることは「人主好んで己を為さば則ち職を守る者、職を舍てて主の為《しわざ》に阿《したが》う。過ち有れば則ち主以て之を責むる無し。……此れ国の衰うる所以なり」（君守篇）と、臣の追従とそれによる規律違反をもたらし、ひいては国家の転覆すら招きかねない、として厳に戒められているのである。それ故に、君主たる者は「知りて知る無きは君道と言う可し。……君なる者は当たる無きを以て当たると為し、得る無きを以て得ると為す者なり。……故に善く君為る者は識る無く、其の次は事無し。識る有れば則ち備わらざる有り。事有れば則ち恢《そな》わらざる有り」（君守篇）と、自己の意欲を韜晦することが求められているのである。国家文物局古文献研究室は帛書「九主篇」の「職る无きを以て并びに職る有るに恥く」の「職る无し」とは君主についていい、「職る有り」とは臣下についていうとした上で、帛書の「職る無し」は『呂氏春秋』の「識る無し」であるとするのは正鵠を射た解釈であると言ってよい。とすれば、帛書「九主篇」の形名説は、その規模を拡大しながらそのまま『呂氏春秋』に継承されていることになろう。『呂氏春秋』に見える形名説は、おそらく「道」に則る擬道的行為を主張する「法経」や『韓非子』型の道家思想とは由来を異にし（ただし、一部には「道法」や『韓非子』型の道家思想の影響を蒙りながら）、帛書「九主篇」の則天地主義的な形名説につながっているであろうが、帛書「九主篇」の発現こそはこうした思想の潮流が戦国後期に存在したことを我々に示すものとして注目すべきであろう。

明君篇

馬王堆帛書『老子』甲本巻後古佚書四篇の一篇であるのは他の三篇と同じい。篇題の「明君」も他の三篇と同様もともとは存在しなかったのであるが、帛書整理小組や国家文物局古文献研究室ら中国側の研究者によって与えられたものである。「五行篇」や「九主篇」に較べるとその分量は少なく、『老子』甲本の第四〇四行目から四五一行目までの、その間四八行に著わされた短編である。篇は「臣以えらく」で始まり、臣下が君主との問答に託して明君とよばれる君主がいかなるものであるかを、兵力の充実や整備・賢臣の登用・仁義を尊ぶことの必要性などを通じて述べられる。その意味では、君主に対するアフォリズムとみなせなくもない。

こうした君主に向けられたアフォリズムの書は春秋・戦国時代には一様に「語」と呼ばれていた。既に貝塚茂樹氏によって指摘されたところではあるが、『国語』楚語には楚の賢臣として名高い申叔時が太子教育の教科目として九科目を掲げ、その中の一つに「語」を挙げている。「語」とは韋昭の注に拠れば「語とは国を治むるの善語」のことで、「先王の経国の教訓集」であったらしい（「論語の成立」『東方学』第一輯、一九五一年三月）。「明君篇」も一応「明君篇」の名を与えられてはいるが、おそらくは君主たる者、もしくは君主となり得る者に読むことを課した「経国の教訓集」である「語」の系譜に属する書であろう。ただし、君主に対するアフォリズムを「臣以《おも》えらく、明君なる者には必ず実有り」といって明君たる者の資質として説く形式は、明君を標榜する特別な学派や思想家の存在を意味するのではなく、明君が『孟子』以来「明君は民の産を制す」（梁恵王上篇）、『慎子』に「明君は事を動かして功を分つに必ず慧に由り、賞を定め財を分つに必ず法に由る」（威徳篇）、『韓非子』に「是を以て明君は始を守りて以て万物の源を知り、紀を治めて以て善敗の端を知る」（愛臣篇）のように、絶えず理想的な君主を示す語として用いられていたことから、「明君篇」の著者は、明君の名の下に自己の意識する理想的な君主像を提出しようとしたにすぎないであろう、ということは留意しておく必要がある。仮に「臣以えらく」の臣が誰か、またその臣が対話者に想定している君主が誰であるかを特定できれば、この古佚書の素性も明らかとなり、『漢書』芸文志の載せられるいずれかの書に比定することもできるのであろうが、すべてが曖昧である現段階においては、それは困難である。

さて、この「明君篇」と呼ばれる一篇がいったいいつ抄写されたのかというと、篇中しきりに劉邦の諱「邦」が使用され、劉邦に対する避諱の念が認められないことから漢以前であることは明らかであり、篇に盛られた思想内容の成立も、帛書に述べられる各種の提言がいずれも封建時代の戦国諸侯の角逐を視座にしていることから、秦・漢の統一王朝成立以前であることは断言できる。その意味で、この篇の成立は戦国ないしそれ以前のいずれかの時期にあることは想定されてよい。

ならばその時期は戦国期もしくはそれ以前のいずれの時かということが改めて問題になるのであるが、その際に注目すべきは「明君篇」中に見えている「昔者、斉人　燕人と北地に戦い、斉人勝たずして、北地断たれて燕と為る」という記述であろう。国家文物局古文献研究室はこの事件を紀元前二八四年に燕が斉を撃ち莒や即墨以外の地を全て占領した時のこととするが、それでいけば、「明君篇」成立の上限はこの紀元前二八四年に定めることができる。そして帛書の成立時はこの紀元前二八四年の事件を「昔者」と呼んで回顧している時にほかならないのであるが、私はその時期は秦の始皇帝が秦王となって天下併呑の緒についた紀元前二四一年頃、もしくはそれ以後に比定するのが最も妥当であると考える。なぜかというと、この紀元前二八四年の燕による斉攻撃は燕の単独ではなく秦・韓・魏・趙・楚の五国と連合して行ったものであり、それはその直前まで一世を風靡していた「合従連衡」盛行の余韻を蒙ったものであろう。この攻撃によって斉は「北地」、別に「河北」とも呼ばれる今日の河間の地一帯を燕に奪われたのであり、「済外（済西の地であるという）」の地は「天下と為る」、すなわち都合六国の連合軍の兵士で溢れかえったという。そうであれば、当然この事件から導かれる教訓は、数国の連合軍に一国で当たることの愚かさ、もしくはいかなる強国が相手であれ数カ国が連合して向かえば必ずや勝利できるという趣旨のものでなければならない。それにも拘わらず「明君篇」はこの事件における斉の敗北を「兵に非ざる者を以て兵を害し」軍備の整備を怠った報いとして示し、逆に軍備の増強を訴える根拠とするのである（「明君篇」に見える兵力増強の思想は富国強兵を果たして天下を併呑しようする侵略戦争を意図するのではなく、強大な敵国の脅威に晒された時に、その強大な軍事力に対抗しようとする防御戦を念頭に置いたものとみるべきである）。「合従連衡」という数カ国が連合して敵国に当たるという軍事上の利点は風化して、ただ他国の侵入に対する防御の必要性だけを際立たせているのである。この点から言えば、「明君篇」の著者は自国の防衛が焦眉の急を要する課題になりつつあった時に、その必要性を「明君」の語に託して彼の君主に訴えたのであろうが、このような時代状況は秦がその強大を不動のものとして戦国諸侯の一つ一つを滅ぼしていった紀元前二四一年以後をおいてほかにない。そうであれば、「明君篇」の成立は紀元前二四一年の始皇帝の秦王即位以後から、紀元前二二一年の天下併呑へと向かった時期に一層近づくことになろう（なお、一部の研究者は燕が斉を攻撃した事件で斉に関する記述が少しばかり詳細になっていることから「明君篇」の著者を斉に縁のある人物とみなしているが、「明君篇」の攻撃を受けた斉に対する極めて客観的な述べ方からは、そうみなさなければならない積極性は見い出せないように思う）。

次に「明君篇」がいかなる思想を有しその特徴はどのような点にあるかを確認しておきたい。「明君篇」の思想といえば、それは何を差し置いても「軍事力の強化」とそれを来す君主の心構えという一点に収斂されよう。「君は奚ぞ得て尊きや。曰く、戦い勝てば則ち君尊し」「明君は、亓《そ》の功（攻）戦を存するを知る。故に邦を輿げて……兵を積む」「兵に非ざる者を以て兵を害する毋かれ」「大君は必ず兵繇《よ》り出づ」等の語は「明君書」の至る所に見い出されるのであり、「明君」とは武力を充実させて国家の明日を展望する者の謂にほかならない。それ故に、国家の興隆は富の蓄積や広大な領地を背後にして語られることはなく、ひとえに君主たる者の軍事に対する造詣の有無、すなわち兵力の増強をきたすことが君主たる者の大務であることをわきまえているか否かにかかるとして

人君に大務有り。人君の大務とは何ぞや。曰く、亓の樹て積む所を存せよと。亓の樹て積む所の者とは、何ぞや。曰く、弱物なれば邦を半ばにして削られ、邦を盈たして亡ぶ。亓の樹て積む所、強物なれば、邦を半ばにして覇たり、邦を盈たして王たり。

といい、国に満たされるべきは強大な軍事力であって、軍事力以外の、凡庸な君主ならば蓄えるであろう奢侈や贅沢品は国力の衰耗をもたらすものとして極力拒否するのである。

「明君篇」はこうした論調を終始貫き通すのであり、それ故に「明君篇」は兵家の書、もしくは兵家と法家の思想を融合させた書として理解されることにもなる。けれども注意すべきは「明君篇」がこの篇を閉じるに際し、

以えらく、夫の明君の広むる所の者は仁なり、大ぶ所の者は義なり。処る所の者は誠なり。用うる所の者は良なり。積む所の者は兵なり。寺《ま》つ所の者は時なり。務《と》る所の者は暴なり。……曰く、仁を広むれば則ち天下之に親しみ、義を大《とうと》べば則ち天下之に与《くみ》し、誠に処れば則ち天下之を信じ、良を用うれば則ち天下之を……、兵を積めば則ち必ず勝

ち、時を寺てば則ち功大に、暴を務れば則ち害除かれて天下利す。

と述べ、明君たる者の資質に「仁」「義」を加え、それを兵力を積んで必勝を期さねばならない君主の当為に位置付けている点であろう。「明君篇」が成立したと考えられる戦国の後期は、「世の顕学は儒墨のみ」（『韓非子』顕学篇）といわれるほどに儒家と墨家の思想が広く行き渡っていた。それ故に『韓非子』には「世の学術者、人主に説くに威厳の勢いに乗じて、以て姦衺の臣を困しめよと曰ずして、皆仁義・恵愛を曰うのみ。……夫れ貧困に施すは、此れ世の所謂仁義にして、百姓を哀憐し、誅罰に忍びざるは、此れ世の所謂恵愛なり」（姦劫弑臣篇）といって、儒・墨の仁義・兼愛説が「世の学術者」を仲立ちとして、君主に容れられている事実を指摘するのである。こうした経緯に起因するのであろう、「明君篇」の著者は仁・義を軍事力の増大を来さなければならない君主の資質の中に含め、一見すれば相容れない儒家思想と軍事力増強の主張を折衷して、独自の君主観を描き出して見せているのである。

これを戦争を繰り広げる戦国諸侯に対する儒教教義浸潤の勝利とみなすのはたやすい。けれども兵事は――よしそれが防衛のための戦いであれ――その残虐性を剥き出しにした全くの野蛮な行為である限り、それによって得られる勝利もその野蛮性の象徴にほかならない。勝利者としての君主はその残虐性のみが被制圧国の民心に植え付けられて、彼らの反感を煽ることになる。かくて、勝利者としての君主は戦争（軍事力）の持つ残虐性が彼の風貌と化すのであるが、「明君篇」における仁義は――儒者が提言したことよりはより多く――勝利者となった君主が残虐な野蛮人に貶しめられることに対する予防的な対策として、自発的に求められ、取り込まれているのではないか。そうであれば、「明君篇」に見える仁義の提言は、それが「天下之に親しみ」「天下之に与する」ことよりも、はるかに戦勝者としての君主が引き受けることになる反人間的な評価を払拭する意図が込められていよう。戦争を通じて自国の明日を展望せざるを得なかった戦国諸侯がその軍事力を強大にさせながら、一方で戦争を否定する儒者の仁義説を導入し、これを声高に唱えることは、こうした意味において必要であった。その意味では「明君篇」に示される仁義説は――根本的な理由は別に求められるべきであろうが――儒教の教義が戦国の諸侯に次第に広まっていった特殊な一面を浮き彫りにしたものとして注目すべきであろう。

【注】

（一）魏啓鵬氏は「帛書五行篇」の方には「五行」の篇題がなかったことからその内容に基づき「徳行篇」と呼び、その解釈書を『徳行校釈』と命名して出版したが、中身は「帛書五行篇」と同一である。

（二）注意すべきことは「帛書五行篇」では「経」の部分に「説」の部分を加えた際に両者間の差異を露にさせている部分も存在することであろう。経で「悤」と書かれる字が説では「嘍」と書かれ、経で「戚」と書かれる字が説で「慼」と書かれ、経で「胥」と書かれる字が説で「變」と書かれるのなどはその顕著な例である。こうした現象が「経」と「説」の間に存在することは、「説」の部分が作られた後「経」と「説」とは一時別行していて、その異種類のテキストが無調整のまま併合されている可能性を示唆するものであろうか。

（三）よく言われるように、漢の文帝時の儒者賈誼の『新書』六術篇には仁義礼智聖の五徳が並列に扱われていて、それが「帛書五行篇」の五行説を踏襲した結果であることは明らかである。そこで漢の文帝であるが、彼は高祖劉邦の第三子であり、「帛書五行篇」の思想がすでに文帝の時に他の思想家に影響を与えるほどに盛行しているのであれば、時間的に見てその書としての成立は漢の高祖以前のことと考えられる。また、「帛書五行篇」の中には高祖劉邦の諱「邦」が諱まれていない事実を絶対視すれば、それが抄写（帛に書く）されたのも漢代以前ということになろう。

（四）礼記の大学篇が秦代の儒者の手になることは齋木哲郎の「秦儒の活動素描―『尚書』「堯典」の改訂と『礼記』大学篇の成立をめぐって」『日本中国学会報』第三八集、一九八六年、後、『秦漢儒教の研究』汲古書院、二〇〇四年所収に、また『礼記』中庸篇が秦儒の手によって修訂されていることは武内義雄氏の『易と中庸の研究』岩波書店、一九三四年、等に詳しい。

凡例

一　本訳注は『馬王堆漢墓帛書五行篇・九主篇・明君篇・徳聖篇』全文の訳注であり、「原文」「訓読」「注釈」「口語訳」からなる。

二　原文の底本には国家文物局古文献研究室編『馬王堆漢墓帛書（壹）』（文物出版社、一九八〇年三月）を用い、他の校釈や論考をも参照して本文の校訂を行っている。特に『五行篇』の「経」部については、荊門市博物館編『郭店楚墓竹簡』（文物出版社、一九九八年五月）との校合も行っている。異同がある場合には、その都度注記する。

三　原文の配列は帛書の通りであり、分章・篇題については原則として国家文物局古文献研究室編『馬王堆漢墓帛書（壹）』に従う。

四　「原文」「訓読文」で使用する記号

ア　脱字を補う場合には〔　〕で示す。

イ　読み替え・仮借字・省文・異体字は（　）の中に示す。

ウ　錯字は〈　〉の中に示す。

エ　残欠の場合は一字を□で示す。

オ　原文及び訓読文に付された「。」「、」は底本を参考にして筆者が付した。

五　「訓読文」は後の「注釈」に述べる校訂によっている。訓読不能部分は原文のまま表記する。

六　「口語訳」では、訓読不能部分は原文のまま残している。また脱字部分は…を用いて示す。文意を補った箇所は（　）で括っている。その場合、（　）を飛ばしても意味が通るように工夫した。

五行篇

経（一）一

〔仁〕刑〔於内〕（二）、胃之徳之行（三）、不刑於内、胃之行。知刑於内、胃之徳之行、不刑於内、胃〔之行。義刑〕於内、胃之徳之行、〔不刑於内、胃之〕行。禮刑於内、胃之徳之行、不刑刑於内、胃之行。聖刑於内、〔謂之徳〕之行、〔不刑於内、謂〕之行（四）。徳之行五。和、胃之徳、四行和（五）、胃之善。善、人道也。徳、天道也（六）。

仁　内に刑《あら》（形）わるる、之を徳の行と胃《い》（謂）い、内に刑（形）われざる、之を行と胃（謂）う。知（智）内に刑（形）わるる、之を徳の行と胃（謂）い、内に刑（形）われざる、之を行と胃（謂）う。義　内に刑（形）わるる、之を徳の行と胃（謂）い、内に刑（形）われざる、之を行と胃（謂）う。禮　内に刑（形）わるる、之を徳の行と胃（謂）い、内に刑（形）われざる、之を行と胃（謂）う。聖　内に刑（形）わるる、之を徳の行と謂い、内に刑（形）われざる、之を行と謂う。徳の行は五。和する、之を徳と胃（謂）い、四行の和する、之を善と胃（謂）う。善は、人道なり。徳は、天道なり。

【注釈】

（一）「帛書五行篇」はもともと経・伝といった区別はないが、龐朴氏の『帛書五行篇研究』斉魯書社、一九八〇年七月）に従って、全編を経一～経二十八（帛書の行数でいけば第一七〇行～二一四行）と説（帛書の行数でいけば第二一五行～三五一行）に分けることにする。ただし、龐朴氏のように（池田知久氏の『馬王堆漢墓帛書五行篇研究』、汲古書院、一九九三年二月も同じ）、全文を経と説に分け、それを対比して配置することはせず、文の並びは全て「帛書五行篇」の原文通りとする。ところで、「馬王堆帛書」はその材質が絹である点から腐食部分が多く、従ってそこに記される文章にも断欠が極めて多い。ただ、幸いなことに「帛書五行篇」の場合には「説」の部分が「経」の解説といった性格を有するため、「経」と「説」の断欠部分は双方に記される文章によって補うことが可能であり、実際そうした方法によってある程度まで修復がなされてきたのである。そうしたやり方で修復が進められた後で、今回湖北省荊門市郭店楚墓から戦国時代中期楚の国で書かれた竹簡が出土したのであり、それは一部馬王堆「帛書五行篇」とは内容を異にするもののほぼ完全な形で「五行篇」の原型を示してくれ、これによって馬王堆「帛書五行篇」の断欠部分（ただし、解説でも記したように、「楚簡五行篇」には「説」に相当する部分がないから、その修復の範囲は「経」の部分に限られる）はほとんど遺漏なく補われることになる。本書での作業は「帛書五行篇」の欠字部分を郭店「楚簡五行篇」によって補って「帛書五行篇」の正確な釈文を手に入れることと、それに基づいて「帛書五行篇」を解釈することである。ただしはじめに断っておかねばならないが、「楚簡五行篇」によって得られた釈文はこれまで多くの研究者が考証してきた結果とほぼ一致するのであり、畢竟「楚簡五行篇」によって「帛書五行篇」を修復する作業は、これまでの先行研究の成果を追認する結果になるということである。が、その詳細については特別な場合を除き、詳しく紹介することは本書では省略することとしたい。なお、参考のために本書「五行篇」の末尾に郭店「楚簡五行篇」の釈文の全文を掲げておくことにする。

（二）　刑於内――「帛書五行篇」が仁・知・義・礼・聖が「内に刑わる」という場合、それをもたらすのは経二十七に「天　諸を人に生ず」と見えているように、天である。この場合、天は自然を主宰する神格であることは言うまでもないが、それと同時に人にあっては人が道徳的な存在となり得る規範的源泉として意識されている。人の道徳性が天によってもたらされるとする天人相関説は、儒者の文献では『礼記』大学篇や中庸篇に顕著であって、「帛書五行篇」は思想的な共通性や成立の時期からみてもこの二篇と同一の思想史的な背景から生まれていると考えてよい（拙稿「長沙馬王堆漢墓出土『帛書五行篇』新解――秦儒との関係を中心として」『中国出土資料研究』第二号、一九九八年六月参照）。「仁」は『論語』顔淵篇に「樊遅、問仁。子曰、愛人也」と見え、中庸篇「仁者人也」の鄭注に「人也読如相人偶之人。以人意相存問之言（人なりとは、読むこと相人偶するの人の如し。人意を以て相存問するの言なり）」と言われることから、人相互間に自然に流露する素朴な人間愛の感情を指すと考えられるのであるが、「帛書五行篇」の「仁」はその感情を人の当爲として止揚するものである。「知」は「智」の仮借字で、人が状況の善悪を見分ける判断力、「義」は「帛書五行篇」の場合、『春秋繁露』為人者天篇に「人之徳行、化天理而義」といい、魏啓鵬氏がそれを「義者宜也」と解説する（『徳行校釈』巴蜀書社、一九九一年八月、二頁）のがよほど近く、行動のとり方が人として適宜を得ていること、「礼」は今の場合、社会秩序に従い得る能力、「聖」は聖人の性質や能力を指すように思われるが、帛書のコンテキストで言えば、仁・知・義・礼の四徳を調和して、その状態が「天道」の高みにかなった境地を指す（本節、注四参照）。なお、「帛書五行篇」同様「五行」に配される徳が仁・知・義・礼・聖であるのは西漢文帝期の儒者賈誼の『新書』六術篇であり、それ以後、たとえば董仲舒の『春秋繁露』では仁・義・礼・智・信となるから、「帛書五行篇」型の五行説は西漢文帝時以後のものではない。

（三）仁刑……之行――「帛書五行篇」は五行の配列を「仁」「智」「義」「礼」「聖」の順とするが、「楚簡五行篇」はこれと異なり「仁」「義」「礼」「智」「聖」とする。

（四）不刑内……胃之行――「行」と「徳の行」との違いは、『徳』に「徳行、内外之称。在心爲徳、施之爲行」（魏啓鵬氏挙例、前掲書二頁）とあるように、仁・知・義・礼・聖の性質が人の心の中に現れた状態での行動のとり方が「徳の行」。従って、そうした性質がまだ現れていない「行」とは、その仁・知・義・礼・聖の性質が意識の中に反映されない行動様式、ということになろう。

（五）四行――国家文物局古文献研究室編（『馬王堆漢墓帛書（壹）』文物出版社、一九八〇年、一五頁、注三）に従って、仁・知・義・礼の四行を指すものと見る。

（六）善人道……天道也――「徳」と「善」、「天道」と「人道」というふうに対挙するのは、魏啓鵬氏のいうように、五行の調和である「徳」は四行の調和である「善」に較べて更に高次の概念であって、それが「聖」と見なされる境地を示したものであろう（前掲書三頁）。同じく、老子甲本巻後古佚書「徳聖篇」に「知人道曰知（智）、知天道曰聖」というのはまさにこのレベルでの聖を表現するものである。

〔補説〕少し脇道に逸れるが、中国思想史における天と道徳の関係について簡単に触れておきたい。天は『詩経』や『尚書』の中に現れているように、人格神的な性格を濃厚にするこの世界の主宰者である。けれども、天が神格として見えるのは西周の初期、金文で言えば大盂鼎等、文献で言えば『尚書』周書の各篇であって、それより以前の甲骨文には見えていない。そこで、天の起源を殷を滅ぼしてそれにとって代わった周民族の故郷＝蒙古など中央アジア一帯に普遍的にみられる至上神観念「撐犂（Tengri）」に求める見解が起こった（杜而未氏「撐犂即天論」『中国古代宗教研究』台湾学生書局、一九七五年所収）。この説は、考古学の分野でも周民族勃興の地である陝西省周原地区の古い文化（先周文化）が蒙古から山西省にかけての古代文化（光社文化）と同じものであることが指摘された（鄒衡氏「論先周文化」『夏商周考古学論文集』文物出版社、一九八〇年、三三五頁以下）ことから蓋然性が高く、今日比較的信じられるようになって来ている（例えば、大林太良氏『日本神話の起源』角川新書、一九六一年、三八～四一頁）。さて、その天は殷の一諸侯にすぎなかった周が宗国の殷を滅ぼしたことの正当性の証しとして用いられ、周が殷を滅ぼした行為は天が悪しき王である紂を滅ぼすよう命じたことによる義戦である、と唱えられたことから、正義をつかさどる神として認識されることになった。けれども、天がこうした有神論的な性格を濃厚にするのは天を崇拝する周王朝の勢力的な安定度と軌を一にするのであって、周王朝の弱体化と相俟って次第に天に対する信仰は薄らいでゆくことになる。民衆は強大な周王朝の権力の背後に彼らの信仰する天の絶大性を見いだすが、周王朝の弱体化に併せその背後に見いだす天の威厳は弱々しいものへと変化するのである。こうした潮流に併せ、天の性格に次第に汎神論的な認識が持ち込まれることになる。汎神論とは、簡単に言えば、神はこの世の内に居てありとあらゆる所に存在するという神観念であって、こうした認識が天の信仰に備わると、天はこの世界のありとあらゆる所に存在する、従って人の心の中にも天は存在する、と考えられるようになり、天を宿す人の心は善であり、人の性は善以外の何物でもない、ということになる。森三樹三郎氏はこの場合の性を「天性」と呼び、こうした意味での天と人との関わり（天人相関説）が中国人の伝統的な思惟方法であることを力説される（森三樹三郎氏『中国思想史（上）』第三文明社、一九七八年、三三頁以下）。「帛書五行篇」の天人相関説はまさにこのレベルで捉えられるべきものであろう。ついでに言えば、荀子が性悪説を唱えたのは有名であるが、それは彼が無神論者であり、彼は人の心の中に神としての天を見いだすことができなかったからである。

【口語訳】

（天から人に与えられている）仁の性質を人の意識裡に発現させた状態での行動を「徳の行い」といい、まだ意識裡に発現させない段階での行動を「行い」という。（同様に）智の性質を人の意識裡に発現させた状態での行動を「徳の行い」といい、意識裡に発現させない段階での行動を「行い」という。義の性質を人の意識裡に発現させた状態での行動を「徳の行い」といい、意識裡に発現させない段階での行動を「行い」という。礼の性質を人の意識裡に発現させた状態での行動を「徳の行い」といい、意識裡に発現させない段階での行動を「行い」という。聖の性質を人の意識裡に発現させた状態での行動を「徳の行い」といい、意識裡に発現させない段階での行動を「行い」という。徳の行いは五。それらが調和して人の意識裡に備わっているのを徳といい、（仁・智・義・礼・聖のうち聖を欠いた）四つの行いが調和して人の意識裡に備わっているのが善である。善は人道であり、徳は天道である。

経二

君子毋中(一)〔心之〕(二)憂(三)則无中心之知。无中心之知則无中心之說。无中心之說則不安。不安則不樂。不樂則无德。(四)〔君子〕无中心之憂則无中心之聖。(五)无中心之聖則无中心之說。无中心之說則不安。不安則不樂。不樂則〔无〕德。(六)

君子は中心の憂い毋（无）ければ則ち中心の知（智）无し。中心の知（智）无ければ則ち中心の說《よろこ》（悦）び无し。中心の說（悦）び无ければ則ち安からず。安からざれば則ち樂しまず。樂しまざれば則ち德无し。君子は中心の憂い无ければ則ち中心の聖无し。中心の聖无ければ則ち中心の說（悦）び无し。中心の說（悦）び无ければ則ち安からず。安からざれば則ち樂しまず。樂しまざれば則ち德无し。

【注釈】

（一）中心——池田知久氏等のいうように、経一の「内」を指そう（前掲書、一三七頁）。本節において「中心之憂」「中心之智」「中心之聖」といわれるのは、憂・智・聖の感情や心映えが人の意識裡に深く根付いて蔽いつくしている状況をいおう。

（二）心之——「楚簡五行篇」によって補う。

（三）憂——『爾雅』釈詁上に「憂、思也」、『黄帝素問』陰陽応象大論の「在志爲懮」の氷注に「懮、深慮也」と（魏啓鵬氏、前掲書四頁挙例）。池田知久氏は経五の「未見君子、憂心役役」の憂と同じで君子道を見ていないことからの憂いと解される（前掲書、一七三頁）。魏啓鵬氏は「无中心之憂則无中心之聖」のように憂と聖を対挙するのは、聖と智を得んと思えば必ず心の中で慎思・深慮すべきことをいうのであって、だからこそ後にも「思い精しからざれば察せず、思い長しからざれば得ざ」ることが繰り返されるのであり、その立場は『論語』の「博学而篤志、切問而近思。仁在其中矣」（子張篇）や『礼記』中庸篇の「博学之、審問之、慎思之、明弁之、篤行之」と同軌である、という（前掲書、四頁）。が、帛書のコンテキストでの「憂」はやはり池田氏のようにみるのが妥当で、ここではそれが得られないことを恐れる一種憂患的な「思い」と解釈する。

（四）不樂則无徳――説二十八に「樂也者和。和者徳也」とみえるように、徳が備わる前段階では心が楽しんだ状態であることが求められるのであり、魏啓鵬氏のいうように、それは『礼記』楽記篇の「楽者徳之華也」や『荀子』礼論の「君子明楽、乃其徳也」に端的に見られるように儒教の礼楽観と同様の思惟である（前掲書、五頁）。

（五）无中心之聖――「聖」と見なされる特定の意識の状態を指すのではなく、「聖」の徳を獲得しようとする希求意識をいうのであろう。

（六）君子……无徳――この部分は「楚簡五行篇」には存在しない。帛書のコンテキストでゆけばあるべきである。

【口語訳】

君子は（君子道を見なければならないという）心からなる思いがなければ、心からなる智は得られない。心からなる智がなければ心からなる悦びは得られない。心からなる悦びがなければ安らかな心境は得られない。安らかな心境が得られなければ楽しみの心境も得られない。楽しみの心境が得られなければ徳の境地にたどり着くことはない。君子たる者、心からなる思いがなければ心からなる聖への思いもなく、心からなる聖への思いがなければ心からなる悦びもない。心からなる悦びがなければ安らかな心境は得られなく、安らかな心境がなければ楽しみの心境も得られない。楽しみの心境が得られなければ徳の境地にたどり着くことはないのである。

経三

五行皆刑於闕内、（一）時行之、（二）胃之君子。士有忎於君子道胃之之士。（三）

五行皆闕《そ》（厥）の内に刑《あら》（形）われ、時に之を行う、之を君子と胃《い》（謂）う。士　君子の道に忎（志）す有り、之を之《こころざ》（志）すの士と胃（謂）う。

【注釈】

（一）闕——「楚簡五行篇」にはこの字がない。

（二）時行之——「楚簡五行篇」は「而時行之」に作る。

（三）之士——「楚簡五行篇」は「時士」に作る。「志士」に同じ。「士」と「君子」については、『荀子』哀公篇に「人有五儀。有庸人、有士、有君子、有賢人、有大聖」とあるのに拠れば、いずれも凡庸の人と賢人の中間に位置し、さらに君子は士の上にランクされる。両者の差異は、同じく『荀子』修身篇に「好法而行、士也。篤志而体、君子也。斉明而不竭、聖人也」といわれることから人格や能力よりも聖人に至らんとする意識の強度に求めるべきであろう（龐朴氏『帛書五行篇研究』斉魯書社、一九八〇年、二五頁挙例）。

【口語訳】

（仁・智・義・礼・聖の）五行がすべてその意識裡に発現した後で、時宜にかなった行動を取り得る者を君子という。士のレベルの者で君子の道に志を立てた者があれば、その者のことは（君子となることに）志しを立てた士と呼ぶ。

経四

善弗爲无近、(一)得弗之不成。知弗思不得。思晴(二)不察。(三)思不長不得。(四)思不輕(五)不刑。(六)不刑則(七)不安。不安〔則〕不樂。不樂則无德。

善は爲さざれば近づく无く、得（徳）は之《こころざ》（志）さざれば成らず。知（智）は思わざれば得ず。思いは晴《くわ》（精）しからざれば察《つまび》らかならず。思いは長からざれば得ず。思いは輕《ひさ》しからざれば刑《あら》（形）われず。刑（形）われざれば則ち安らかならず。安らかならざれば則ち樂しまず。樂しまざれば則ち徳无し。

【注釈】

（一）无――「楚簡五行篇」は「亡」に作る。

（二）思晴――国家文物局古文献研究室がいうように、「晴」の字の上に本来「不」の字があるべきである（前掲書、一二五頁、注五）。「楚簡五行篇」は「思不請」に作り、「不」の字がある。「晴」は「精」のことで精誠・純一の意。『管子』心術篇に「中不精者、心不治」と。注に「精、誠至之謂也」と（魏啓鵬氏、前掲書、六頁挙例）。

（三）察――審の意。賈誼『新書』道述篇に「精微皆審謂之察」と（魏啓鵬氏、前掲書、六頁挙例）。

（四）思不長不得――「得ず」の主語は魏啓鵬氏の言うように上文の「知」であろうが（前掲書、六頁）、池田氏のように「善」と「徳」を指すとみることもできる（前掲書、一八二頁）。

（五）輕――説六に「輕者尚矣」と。国家文物局古文献研究室は「徑」と読んで、捷速（すみやか）の意に解している（前掲書、一二五頁、注六）が、ここは上文の「思不長不得」と対になっていることからも、思い続けることの久しさを言ったものとみるべきである。

（六）思不長……輕不刑――「楚簡五行篇」は「思不倀（長）不型（形）」に作り、「思不輕不刑」の句がない。荊門市博物館は「楚簡五行篇」

の方が誤って両句を合しこのようにしてしまったものと見る（『郭店楚墓竹簡』文物出版社、一九九八年、一五一頁、注八）。

（七）則――「楚簡五行篇」はこの字がない。

【口語訳】

善は実現しようとしないのであれば近づくことはできない。徳は思いをそこに固めて志そうとしないのであれば達成できない。智は思わなければ獲得できない。思いの状態が精一でなければ明らかにし尽くすことはできない。長く思わないのであれば智を得ることはない。久しく思い続けるのでなければ、智の徳が意識裡に現れることはない。智の徳が現れないのであれば安らかな心境は得られない。安らかな心境が得られないのであれば楽しみの境地も得られない。楽しみの境地が得られないのであれば徳も備わらない。

経五

不仁、思不能晴。不知、思不能長。不仁不知、未見君子、憂心不能〔惙惙(一)。既見君子、心不〕(二)能說。詩曰(三)、未見君子、憂心祋祋。亦既見之、亦既鈎之、我〔心則〕說。此〔之謂也〕(四)。不仁、〔思〕不能晴。不聖、思不能輕。不仁不聖、未見君子、憂心〔不能𢘽𢘽〕(五)(六)。既見君子、心不〔能降〕(七)(八)。

仁ならざるは、思い晴《くわ》(精)しかる能わざればなり。知(智)ならざるは、思い長くする能わざればなり。仁ならず知(智)ならざれば、未だ君子を見ざれども、憂心惙惙たる能わず。既に君子を見れども、心說(悦)ぶ能わず。詩に曰く、未だ君子を見ず。憂心祋(惙)祋(惙)たり。亦既に之を見、亦既に之に鈎《あ》(覯)えば、我が心則ち說(悦)ぶと。此の謂なり。仁ならざるは、思い晴(精)しかる能わざればなり。聖ならざるは、思い輕《ひさ》しかる能わざればなり。仁ならず聖ならざれば、未だ君子を見ざりしとき、憂心𢘽(忡)𢘽(忡)たる能わず。既に君子を見れども、心降る能わず。

【注釈】

(一) 惙惙——『毛詩』国風・召南・草虫篇の毛伝に「惙惙、憂也」と。

(二) 惙惙……心不——「楚簡五行篇」によって補った。

(三) 詩曰——『毛詩』国風・召南・草虫篇。「祋祋」は、国家文物局古文献研究室は「衼衼」と読むが、帛書整理小組・龐朴(前掲書、二六頁)・池田知久(前掲書、一八九頁)・魏啓鵬(前掲書、七頁)各氏によって改めた。「祋」は「楚簡五行篇」が「惙」に作るように「惙」の仮借であろうが、それは魏啓鵬氏に従えば、この二字はともに古音「端母月部」に属し、形も似ることによろう。「楚簡五行篇」

にはこの句がない。
（四）之謂也――「楚簡五行篇」は「之胃（謂）」に作り、「也」がない。「帛書五行篇」にはこの三字がない。帛書のコンテキストによって補った。
（五）不能惙惙――「楚簡五行篇」によって補った。「惙」は「忡」の仮借字であろう。
（六）惙惙――『毛詩』小雅・出車篇に「未見君子、憂心忡忡。既見君子、我心則降」と。「忡忡」は心の奥底から沸き起こる心配、「五行篇」では君子になれないことへの憂患を指す。経二、注（三）参照。
（七）心不能降――注（六）参照。鄭箋に「降、下也」と。安心することをいう。
（八）能降――「楚簡五行篇」によって補った。

【口語訳】

仁の徳を意識裡に発現しえないのは、仁を思う思い方が精一でないからだ。智の徳を意識裡に発現しえないのは、智を長く思い続けることができないからだ。人がもし仁の徳も智の徳も意識裡に発現しえないまま過ごすなら、君子を見ない時には憂いの心を憂いのまま持ち続けることはできないし、すでに君子を見たとしても、心が悦ぶことはない。『詩』に、まだ君子を見ないときには憂い心は沈みがちであるが、すでに君子を見、会ってしまうと我が心は悦びに溢れる、というのは、この（のようにあるべき）ことを言うのである。仁の徳が意識裡に現れてこないのは、仁を思う思い方が精一でないからであり、聖の徳が意識裡に現れてこないのは聖を長く思い続けることができないからだ。仁の徳も智の徳も心に現れることなく過ごすならば、君子を見ないでいるときには憂いの心が憂いのままに心底沸き起こることもないし、すでに君子を見たとしても心が落ちつくことはない。

経六

仁之思也睛。睛則察、察則安、安則温、温則〔兌、兌則憙(一)、憙則新、新則〕(二)憂。憂(三)則王色(四)。王色則荆、荆則仁。知之思也長。〔長〕則得。得則不忘。不忘則明、明則〔見賢人。見賢人則玉色。玉色〕(五)則荆、荆則知。聖之思也巠。巠則荆、荆則不忘。不忘則悤、悤則聞君子道、聞君子道則王言。王言則〔荆、荆則〕(六)聖。

仁の思いや睛《くわ》（精）し。睛（精）しければ則ち察《あき》らかに、察らかなれば則ち安らかに、安らかなれば則ち温《なご》み、温めば則ち兌《よろこ》（悦）び、兌（悦）べば則ち憙《した》（戚）しみ、憙（戚）しめば則ち新《した》（親）み、新（親）めば則ち憂《あい》（炁）す。憂（炁）すれば則ち王（玉）色なり。王（玉）色なれば則ち荆《あら》（形）われ、荆（形）わるれば則ち仁なり。知の思いや長し。長くすれば則ち得。得れば則ち忘れず。忘れざれば則ち明らかに、明らかなれば則ち賢人を見る。賢人を見れば則ち玉色なり。玉色なれば則ち荆（形）われ、荆（形）わるれば則ち知（智）なり。聖の思いや巠《ひさ》（輕）し。巠（輕）しければ則ち荆（形）われ、荆（形）わるれば則ち忘れず。忘れざれば則ち悤（聰）に、悤（聰）なれば則ち君子の道を聞き、君子の道を聞けば則ち王（玉）言（音）す。王（玉）言（音）すれば則ち荆（形）われ、荆（形）わるれば則ち聖なり。

【注釈】

（一）憙――荊門市博物館が朱徳熙氏（「釈憙」『朱徳熙古文字論集』中華書局、一九九五年）によって「戚」と解するのに従う（前掲書、一五二頁、注一五）。また、その意味は経十四に「中心説焉、遷于兄弟、戚也」とあるように兄弟間に沸き起こるむつまじさで、「親」が「戚而信之、親也」（同上）と更にそのむつまじさを強固に意識して家族全体に押し及ぼすのとは区別される。

（二）兌兌……新則――「楚簡五行篇」によって補う。欠字分はほぼ五字で、それは「楚簡五行篇」の文を重文記号を用いて著わした場合と一致する。
（三）憂憂――「憂」と「憂」の字の間に「不」の字があるとするのがこれまでの一般的な傾向であるが、写真版による限り「不」の字は見あたらない。「楚簡五行篇」は「憂」を「悉（愛）」に作る。帛書が誤ったものと見ておく。
（四）王色――国家文物局古文献研究室（前掲書、二五頁、注一〇）・魏啓鵬氏（前掲書、十頁）は説六で「玉音」に作るのが正しいとする。「楚簡五行篇」は「玉音」に作る。「玉音」とは「玉面」が仁の徳を発現させ君子の道を知って玉が輝かんばかりの容貌に立ち至った比喩として用いられているのと同様、そうした状況に立ち至ったときに身につく言葉遣いをいおう。「玉音」はまた経九に「金聲、善也。王言、聖也」とみえるように、金声と対挙されるもので（この点については魏啓鵬氏も注意する）、「帛書五行篇」における「玉音（玉色・玉面）」は「金聲」を人道に置くのに対し、それよりも高次の「天道」の領域の比喩に用いられている点、注意する必要がある。
（五）見賢……玉色――「楚簡五行篇」によって補う。
（六）刑、刑則――説六・「楚簡五行篇」によって補う。

【口語訳】

仁の（徳を発現させるための）思いは精一でなければならない。精一であれば明らかにしつくし、明らかにしつくせば安らか（な心境）になる。安らか（な心境）になればなごやか（な心境）になり、なごやか（な心境）になれば悦びが沸き起こり、悦びが沸き起こるとむつまじい思いが沸く。むつまじい思いが沸くと親しみの思いが沸き、親しみの思いが沸くと愛する気持ちが芽生えることになる。愛する気持ちが芽生えると玉が輝やかんばかり（の容貌）になり、玉が輝やかんばかり（の容貌）になると（心の中に）現れ（て来るものがあっ）て、現れ（て来るものがあ）ると、それが仁の徳（の発現）である。

智の（徳を発現させるための）思いは久しく続けなければならない。久しく続ければ（智の手掛かりを）得ることになり、（智の手掛かりを）得ることになれば忘れることはない。忘れることがなければ（物の見方が）明瞭となり、（物の見方が）

明瞭となれば賢人（とはいかなるものか）を見ることになる。賢人（とはいかなるものか）を見ることになれば、顔色が玉のごとく照り輝く。顔色が玉のごとく照り輝やけば（心の中に）現れ（来るものがあっ）て、現れ（て来るものがあ）るとそれが智の徳の発現である。

聖の（徳を発現させるための）思いは久しく続けなければならない。久しく続けると現れ（るものがあっ）て、現れ（るものがあ）ると忘れることがない。忘れることがないと聴くなり、聴くなれば君子の道を聞（くことがで）き、君子の道を聞く（ことができる）と玉のごとき（澄んだ）響きの声色になる。玉のごとき（澄んだ）響きの声色になると現れ（るものがあっ）て、現れ（るものがあ）るとそれが聖の徳（の発現）である。

経七

尸叴在桑、其子七氏（兮）（一）。叔人君子、其宜一氏（兮）（二）。能爲一、然后能爲君子。君子（三）愼其獨〔也（四）。嬰（五）〕嬰于蜚、𨱽池其羽。之子于歸、袁送于野。瞻望弗及（六）。汲沸如雨（七）。能𨱽池其羽、然〔后能（八）〕至哀。君子愼亓獨也。

尸（鳲）叴（鳩）桑に在り、其の子は七つ。叔（淑）人君子は、其の宜一なりと。能く一と爲りて、然る后に能く君子と爲る。君子は其の獨りを愼むなり。嬰嬰于《ここ》に蜚（飛）び、其の羽を𨱽池す。之の子于に歸る、袁（遠）く野に送る。瞻望すれども及ばず。汲（泣）沸（涕）雨の如し。能く其の羽を𨱽池して、然る后に能く哀しみを至《いた》す。君子は亓《そ》の獨りを愼むなり。

【注釈】

（一）尸叴在……子七氏——「楚簡五行篇」にはこの部分がない。

（二）尸叴在……宜一氏——『詩』曹風・鳲鳩篇では「鳲鳩在桑、其子七兮。淑人君子、其宜一兮」に作る。帛書の「氏」は魏啓鵬氏の言うように「兮」の仮借である（前掲書、一〇頁）。鳲鳩（きじばと）はそのひな鳥に餌を均一に分け与える鳥だといわれ、その均一で正直な姿を淑人君子の容儀の正直さに譬えるのが『詩』の本来の意味である。鄭箋に「儀、義也」、毛伝に「言執義一、則用心周」と。『詩』の意味をそのまま帛書のコンテキストに当てはめるのは無理。今は鄭箋と毛伝の理解を参照しながら、君子としての心境に至るためには雑念を含まずに一つの思いに専念すべきことの比喩、と見ておく。

（三）君子——「楚簡五行篇」にはこの語がない。

（四）君子愼其獨也——「愼独」の思想である。『礼記』の礼器篇・大学篇・中庸篇に見え、戦国から秦・漢期にかけての特有の思想で、そのおおよそは身体的な欲求や関心事に身を委ねることを避け、それを掌る心の働きを重視して、その心の有り様を浄化して意識の清潔を保とうとする主張である。

（五）也。嬰――国家文物局古文献研究室（前掲書、二五頁）によって補う。「楚簡五行篇」は「也」以下断欠するが、その字数を荊門市博物館（前掲書）は四字とする。

（六）嬰于蜚……望弗及――「楚簡五行篇」は断欠してこの部分がない。荊門市博物館は四字分の欠字とみるが、それでいけば帛書は詩の句数を増していることになる。

（七）嬰嬰于……沸如雨――『詩』邶風・燕燕篇。『詩』は「燕燕于飛、差池其羽。之子于帰、遠送于野。瞻望弗及。泣涕如雨」に作る。ツバメが飛び交い、その羽を羽ばたかせる。彼女の帰るのを遠く野に見送り、見送って見えなくなると涙が雨のように流れ落ちる、というのがその意味。

（八）后能――「楚簡五行篇」によって補う。

【口語訳】

（『詩』曹風・鳲鳩篇に、）きじばとが桑の木の上で羽を休めている。その雛が七羽。善人君子も（きじばとと同様）その心のもち方は一つである、という。（一切の雑念が取り除かれ）一つ（の完結された心）の状態になって初めて君子となることができる。君子はその独りの境地を慎み大切にするのである。（又、『詩』邶風・燕燕篇に、）（つばくらめ）飛び回り、（悲しみに）羽をばたつかせる。この子が帰って行くのを遠く野に送り、見送って影が見えなくなると、雨のごと涙湧く、というが、（このなりふりかまわず心のままに）羽をばたつかせる行為があって初めて哀しみを表すことになる。君子はその独りの境地を慎み大切にするのである。

経八

君子之爲善也、有與始也、有與終也。君子之爲徳也、有與始也、无與終也。(一)

君子の善を爲すや、與《とも》に始まる有りて、與に終わる有るなり。君子の徳を爲すや、與に始まる有れども、與に終わる无きなり。

【注釈】

(一) 説八に「君子之爲善也、有與始、有與終、言與亓體始、與亓體終也。君子之爲徳也、有與始、无與終、有與始者、言與亓體始。无與終者、言舍亓體而獨亓心也」と解説する。最後の「无與終者、言舍亓體而獨亓心也」というのは、徳を実現する場合、身体的な関心事から始めても最終的にはその人間の心に帰納して心の問題として完成させなければならないことをいう。

【口語訳】

君子が(人道である)善を実現しようとする場合、共同して始めるもの(=身体)があり、共同して終わるもの(=身体)がある。君子が(天道である)徳を実現しようとする場合、共同して始めるもの(=身体)はあるが、共同して終わるもの(=身体)はない。

経九

金聲而玉振之、有徳者也。（一）金聲、善也。王言、聖也。善、人道也。徳、天道也。唯有徳者、然笱能金聲而玉振之之。（二）

金聲して玉之を振すとは、徳有る者なり。金聲は、善なり。王（玉）言（振）は、聖なり。善は、人道なり。徳は、天道なり。唯だ徳有る者にして、然る笱《のち》（后）に能く金聲して玉之を振す。

【注釈】

（一）金聲而……徳者也――『孟子』は万章下篇に「孔子、聖之時者也。孔子之謂集大成。集大成者、金声而玉振之也。金声也者、始條理也。玉振之也者、終條理也。始條理者、智之事也。終條理者、聖之事也」という。孟子は楽曲を演奏する場合には、鐘の類の金製楽器を鳴らして演奏を起こし、最後に磬などの玉製の楽器で演奏を修めるのは條理（音声の脈絡）を始め修めることで、始めることが智、修めることが聖であるとして、智で始まり聖で完結する人の理想的姿を演奏の中に見い出すのである。「帛書五行篇」はこの構図をそのまま踏襲し「集大成」を「有徳者」に置き換えているのである。

（二）之之――国家文物局古文献研究室のいうように最後の「之」は「也」の誤字か衍文であろう（前掲書二五頁、注十五）。「楚簡五行篇」にはない。

【口語訳】

（『孟子』万章下篇に）「（楽曲を演奏する時には鐘などの）金製の楽器を鳴らし（て演奏を起こし）、（磬などの）玉製の楽器を鳴ら（して演奏を修め終了）す」（る）というが、（これは）徳を有している者をいったのである。（鐘などの）金

（磬などの）玉製の楽器を鳴ら（して演奏を修め、終了）す（る）のは、聖のことである。善は人道であり、徳は天道である。ただ徳を備えた者にして初めて（鐘などの）金製の楽器を鳴らして演奏を始め、（磬などの）玉製の楽器を鳴らして演奏を修める（ことができるのである）。

経十（一）

不臂（二）不說。不說不戚（三）。不戚不親。不親不㤅。不㤅不仁。

臂《した》わざれば說《よろこ》（悦）ばず。說（悦）ばざれば戚《した》しまず。戚しまざれば親《した》しまず。親しまざれば㤅《あい》（愛）せず。㤅（愛）せざれば仁ならず。

【注釈】

（一）ここ以下、経十・経十一・経十二・経十三への五徳行の配列は仁（経十）・義（経十一）・礼（経十二）・聖（経十三）・徳（経十三）となっているが、「楚簡五行篇」の方は経十三の文章が経十の前に出て、五徳行の配列も聖・徳・仁・義・礼の順になっている。このことは本来は「楚簡五行篇」のようであった配列を「帛書五行篇」がこのように改めてしまったことを意味し、それは邢文氏が指摘するように「楚簡五行篇」「帛書五行篇」の最後が「仁・義・礼・徳」の順になっているのに合わせた措置である（「楚簡五行試論」『文物』一九九八年第一〇期）。「帛書五行篇」が論理的な整合性を求めて「楚簡五行篇」を書き改めている部分として注目すべきである。

（二）臂は説十に「不變不說」と「變」に改められる。龐朴氏はこの「變」を「䜌」と改め「臂」は「䜌」の仮借字で本来「変」に作るべきである、その意味は「順従」「思慕」「眷念」である、という（前掲書、三六頁）。臂は魏啓鵬氏は単に「したう」だけではなく「温順」の意を含んで「謙恭」の意味合いが強いという（前掲書、三三頁）。龐氏や魏氏のように字を改めてしまうのにはためらいが残るが意味は帛書の説十のコンテキストに照らして両氏の解釈でよい。

（三）戚——『詩』大雅・行葦篇「戚戚兄弟」の鄭箋に「戚、内相親也」といい、その孔疏に「親其所親、起于内心。故言内相親也」という（龐朴氏、前掲書三六頁、挙例）。兄弟の関係で生じた「したしみ」の感情「睦まじさ」をいう。この部分は肉親間に普遍的に通い合う「慕う」気持ちの発生からそれが「愛する」感情を惹起して更にそれが仁の徳となるプロセスを説くが、原始儒家思想における仁説の成立には家族愛の精神が濃厚に影響している。ここもその証左とみなせよう。原始儒家思想の仁説と家族愛の関係については重沢俊郎氏『原始儒家思想と経学』（岩波書店、一九四九年、四三頁以下）に詳しい。

【口語訳】

慕う思いがなければ悦びが湧くこと（までに）は（至ら）ない。悦びが湧かなければ睦まじくすること（までに）は（至ら）ない。睦まじくすることがなければ親しみを抱くこと（までに）は（至ら）ない。親しみを抱くまでに至らなければ愛すること（までに）は（至ら）ない。愛することがなければ仁の徳を発現すること（までに）は（至ら）ない。

経十一

〔不直不泄(一)。不泄(二)〕不果。不果不簡(三)。不簡不行。不行不義。

直ならざれば泄ならず。泄ならざれば果ならず。果ならざれば簡ならず。簡ならざれば行ならず。行ならざれば義ならず。

【注釈】

(一)泄――帛書整理小組は「度」と解し「超踰」であるといい、龐朴氏は「泄」の仮借（前掲書、三七頁）、魏啓鵬氏は「紲」に読んで「系」に解する（前掲書、三五頁）が、いずれも採らない。池田知久氏は『春秋左氏伝』隠公元年の「大隧之外、其楽也泄泄」の杜注に「泄泄、舒散也」というのを根拠に、この場合の「泄泄」を「のびやかなさま」と解釈する（前掲書、二六一頁）。また、国家文物局古文献研究室も「泄、疑爲肆」といい『老子』（徳経）の「直而不肆」を例証として引く（前掲書、二六頁注四二）。その意味では、心が何物にものにも捕らわれず（自律的に）のびやかになることと解されよう。これに従う。楚簡五行篇の「遙」は「泄」と同意であろう。

(二)不直……不泄――「楚簡五行篇」によって補う。なお。「泄」は楚簡五行篇は「遙」に作るが、説の文章によって「泄」に改める。

(三)簡――龐朴氏は「簡為言、猶衡也」といい、『荀子』礼論篇の「衡誠懸矣、則不可欺以軽重」を引いて、だから説十一に「簡也者、不以軽害重」という、とする（前掲書、三八頁）。善悪を正確に銓衡して正しい判断を得ることをいおう。池田知久氏は『礼記』王制篇の「簡不肖以絀悪」の鄭玄注「簡、差択也」を引いて、マイナスの価値のあるものを選び出すこととし、「悪事を選び出す」と訳す。そして、龐朴氏の解釈は説二十の簡について初めていえることでこの場合と無関係とする（前掲書、二六一～二頁）が、この場合の簡は帛書のコンテキストではなく感性的にやはり説二十の簡と重なり合うように思われるので、しばらく龐朴氏の説に従っておく。

【口語訳】

心の有り様を正直にしないのであれば、心がのびやかになることはない。心がのびやかになることがなければ果敢になることはない。果敢になることがなければ正確に（善悪を）判断することはない。正確に（善悪を）判断することがなければ行動の取りようがない。行動の取りようがなければ義（の徳を発現させること）はない。

経十二

不袁（一）不敬。不敬不嚴。不嚴不尊。不尊不〔恭、不恭（二）〕不禮。

袁（遠）からざれば敬せられず。敬せられざれば嚴あらず。嚴あらざれば尊ばれず。尊ばれざれば恭ならず。恭ならざれば禮ならず。

【注釈】

（一）袁――は「遠」の仮借で、その意味は説十二に「袁心也者、禮気也。質近者則弗能敬。袁者則能敬之。袁者、動敬心、作敬心者也」とあることから、池田知久氏のいうように親近者ではない第三者に対する遠慮の意識（前掲書、二七四頁）、とみるべきである。遠慮の意識が最終的には礼の徳として心の中に発現する、というのがこの部分の主張である。

（二）恭、不恭――「楚簡五行篇」によって補う。

【口語訳】

遠慮の気持ちがなければ敬われることはない。敬われなければ威厳が備わることはない。威厳が備わらなければ尊ばれることもない。尊ばれなければ（他人に対して）恭しく（対応）できない。恭しく（対応）できなければ、礼（の徳を発現すること）はない。

経十三

不〔嘍不明〕（一）、（二）不聖不知。不聖（三）不知不仁。（四）不仁不安。不安不樂。不樂无德。

嘍（聰）ならず明ならざれば聖ならず知（智）ならず。聖ならず知（智）ならざれば仁ならず。仁ならざれば安からず。安からざれば樂まず。樂しまざれば德无し。

【注釈】

（一）嘍不明――「楚簡五行篇」によって補う。「嘍」は「楚簡五行篇」は「聰」に作る。

（二）不嘍不明――説十三に「嘍也者、聖之臧於耳者也。……明也者、知之臧於目者也」というように、この場合は耳に備わった聡明さをいい、明は目に備わった聡明さをいう。「帛書五行篇」には聖が仁義礼智の上位概念として天道の高みで認識される場合と、このように聖の原初的な用例の二種類が混淆していることは、注意を要す。

（三）不聖――「楚簡五行篇」にはこの二字がない。

（四）不知不仁――この部分は魏啓鵬氏のいうように『論語』の「知者利仁」と同等の関係にあろう（前掲書、三八頁）。

【口語訳】

耳が聡くなく、眼が明らかでなければ、聖（の性質）も智（の性質）も（発現することは）ない。聖（の性質）も智（の性質）も（発現するので）なければ仁（の性質）も（発現することは）ない。仁（の性質）が（発現するので）なければ安らかな心境になることはなく、安らかな心境がなければ楽しみの境地に至ることもない。楽しみの境地に至ることがなければ（それらが）徳（として）は備わらない。

経十四

顔色容〔貌温、變〕（一）也。以亓中心與人交、說也。中心說焉、遷（二）于兄弟、戚（三）也。〔戚〕（四）而信之、親〔也。親而築之〕（五）、㤅也。㤅父、其繇㤅人、仁也。

顔色容貌温やかなるは、變《した》うなり。亓《そ》の中心を以て人と交わるは、說《よろこ》（悦）ぶなり。中心說（悦）び、兄弟に遷すは、戚《した》しむなり。戚しみて之を信にするは、親しむなり。親しみて之を築《あつ》（篤）くするは、㤅（愛）なり。父を㤅（愛）し、其れ繇《つ》（継）いで人を㤅（愛）するは、仁なり。

【注釈】

（一）貌温、變――「楚簡五行篇」によって補う。

（二）遷――帛書整理小組がいうように、「遷」は「遷移」のことで、中心の悦を兄弟に転移することである。慕う気持ちがもたらす悦びをそのまま兄弟・家族の関係に及ぼし更にそれを他人に広めてゆくところに成立するのが仁の徳である、というのが本章での主張であるが、この人を愛する前段階に家族の肉親愛が据えられるのが孔子以来の仁説の特徴である。孔子は春秋戦国の争乱の時代に生きて世の平穏を模索した思想家であるが、その過程で彼が唯一平和な時代として発見したのは周公旦が幼い成王を補佐して太平を実現した周の創業期であった。だからこそ『論語』にも「子曰、甚矣吾衰也。久矣、吾不復夢見周公」（述而篇）と孔子自身常に周公を慕仰していたことが述べられている。森三樹三郎氏（『中国思想史（上）』第三文明社レグルス文庫、一九七八年、五九頁）がいうように、その際、周公が採った統治形態は血縁者を地方の諸侯に封ずる封建体制で、この場合周の朝廷は諸侯に対して父に当たり、それに対して諸侯は朝廷に対して子に当たる。こうした体制を整えて世の太平が実現したというのであれば、その原因は挙げて周の朝廷と諸侯間の血縁の関係、なかんずくその間に通い合う肉親愛が強固であったということにあり、この肉親愛こそは孔子にとっては太平の原理として発見されていたにちがいない。であれば戦乱の世とは、その周と諸侯との間に通い合った肉親愛の意識が世代交代を繰り返す中で次第に失われて行った結果にほかならず、孔子の時代にはそれが全く失われてしまったのである。孔子はその戦乱の世を再び周公の太平の世に返そうとしたときに周公の行った政治形態の中から肉親愛を太平の原理として発見しこれを自己の理想実現の手段として用いたのであるが、その肉親愛が孔子の提唱した仁の思想の核になったのである。拙著『秦漢儒教の研究』汲古書院、二〇〇四年、序論第二節参照。

（三）戚――説では「慼」に作る。説十四では「遷於兄弟、慼也。言遷亓説心於兄弟、而能相慼也」と見えるところからは心の中に湧き起こった思いが兄弟に遷って生じる兄弟間の肉親愛を言おう。更にその気持ちが家族全体に広がった感情が「親」であるのに比べると、その一歩手前の限定的な愛である。

（四）戚――「楚簡五行篇」によって補う。

（五）也。親而築之――「楚簡五行篇」によって補う。「楚簡五行篇」は「築」を「𩫏」に作る。「帛書五行篇」の説では「築」に作るが国家文物局古文献研究室のように「築」を「篤」の仮借とみ、これを補っておく。

〔補説〕ここ以下経十四・経十五・経十六は「楚簡五行篇」では経十九の後に続き、そこでの五徳行の配列は仁・義・礼となっているが、これに対し、「帛書五行篇」は経十「不𦟪不說、不說不戚、……不悳不仁」、経十一「不行不義」、経十三「不樂无徳」の後に続いて仁・義・礼の詳論となっており、篇の最後に「好仁者也……好義者也……好禮者也…有徳也」と説く仁・義・礼・徳の次序と呼応する様に配置され、この点でも「帛書五行篇」は「楚簡五行篇」を意図的に改訂し、論理的な整合性を与えようとしたものであることが認められる（邢文氏、前掲論文に拠る）。

【口語訳】

顔色や容貌が温和である様は慕う思い（のあらわれ）である。その心からなる思いで人と交際す（ると湧き起こ）るのが悦びである。心からなる悦びを持ち続け、その気持ちを兄弟にまで遷す（と湧き起こる）のが睦まじい思いである。（兄弟間に湧く）睦まじい思いを確かなものとす（ると湧き起こ）るのが（肉親間に通い合う）親しみの気持ちである。親しみの気持ちを持ち続けさらにその気持ちを増幅させ厚みを加える（と湧き起こる）のが（肉親）愛である。（まず自己の）

父（母）を愛し、継いで（他の）人（々）を愛する（ようになる）のが仁（の性質）である。

経十五

中心辦焉（一）而正行之、直也。直而〔遂之、泄〕也。〔泄而〕（二）不畏強圉（三）、果也。而（四）〈不〉以小道害大道、簡也。有大罪而大誅之、行也。貴貴、亓等（五）〔尊〕（六）賢、義。

中心辦《わか》ちて正しく之を行うは、直なり。直にして之を遂ぐるは泄なり。泄にして強圉（禦）を畏れざるは、果なり。小道を以て大道を害せざるは、簡なり。大罪有りて大いに之を誅するは、行なり。貴を貴びて、亓《そ》れ等《つ》いで賢を尊ぶは、義なり。

【注釈】

（一）焉――「楚簡五行篇」は「然」に作る。

（二）遂之、泄也。泄而――「楚簡五行篇」によって補う。「泄」は「楚簡五行篇」は「迣」に作るが、「帛書五行篇」のコンテキストに従って改める。

（三）強圉――帛書整理小組は「強圉即強梁、多力」といい、魏啓鵬氏は『楚辞』「離騒」の「縦欲而不忍」の王逸注に「強圉、多力也」と、また『漢書』叙伝に「曽是強圉、掊克為雄」ということから強暴の意味をそこに加えている（前掲書、十五頁）。今はこれに従う。

（四）而――「不」の誤り。――「楚簡五行篇」によって補う。

（五）等――魏啓鵬氏は「案、亓等猶云其次」という（前掲書、四五頁）。

（六）尊――「楚簡五行篇」によって補う。

【口語訳】

心の中で分別をつけて正しく行うことが（正）直ということである。（正）直のままに事を遂行するのが心ののびやかさ、ということである。心がのびやかなままに遂行し強暴の者も畏れずにはねつけるというのが果（敢）ということである。小さな道義にかかずらって大きな道義を損なうことがないのが正確に（善悪を）判断する、ということである。大罪を犯した者があって（その者を）積極的に誅（伐）するのが行い（のある者）である。貴位にある者を尊び、継いで賢者を尊ぶのが義（の性質）である。

経十六

以亓外心(一)與人交、袁也。袁而裝(二)之、敬也。敬而不解(三)、嚴也。嚴而威之、尊也。(四)〔尊〕(五)而不驕、共也。共而博交、禮也。

亓《そ》の外心を以て人と交わるは、袁（遠）なり。袁（遠）にして之に裝（莊）にするは、敬せらるるなり。敬せられて解《おこた》（懈）らざるは、嚴なり。嚴にして之に威あるは、尊ばるるなり。尊ばれて驕《おご》（驕）らざるは、共《うやうや》（恭）しきなり。共（恭）しくして博く交わるは、禮なり。

【注釈】

（一）外心――本章説に「外心者非有它心也。同之心也、而有胄外心也、而有胄中心。中心者、譽然者。外心者也、亓㗊諤然者」とあるようにもともとは「中心」と同じもので、心の思慮作用が対外的な領域に向けられた場合である。国家文物局古文献研究室は『礼記』礼器篇「礼之以多為貴者、以其外心者也」の鄭注に「用心于外、其徳在表也」とあるのを用いて「外心」を説明する（前掲書、二五頁注二十）。

（二）裝――池田知久氏は「装」の異体字で「莊」の仮借字であり、「莊」であることによって「敬」せられることになるのは『論語』為政篇に「臨政以莊則敬」と見えるという（前掲書三三八頁）。

（三）解――「楚簡五行篇」は「懈」に作る。荊門市博物館はこの字を「節」と解し、『易』雑卦伝の「節、止也」をその解に当てる。けれども、裘錫圭氏のいうように書写の際の誤りである可能性もあり、しばらく帛書のように読むのが穏当であろう。

（四）敬而不…之尊也――『礼記』楽記篇・祭儀篇にも「致礼以治躬則莊敬、莊敬則厳威」と（魏啓鵬氏、前掲書一六頁、挙例）。

（五）尊――「楚簡五行篇」によって補う。

【口語訳】

対外的な意識によって人と交わるのは（人前では一二歩遠ざかる）遠慮の心である。（一二歩遠ざかる）遠慮の心があって、これを荘重にすると生ずるのが敬われるということである。敬われて（しかも）懈ることがないと生ずるのが厳格の雰囲気である。厳格であって人々を威圧するようになると生ずるのが尊ばれるようになるということである。尊ばれながら傲慢にならないと生ずるのが恭しさである。恭しいままに博く交際すると生ずるのが礼（の意識）である。

経十七

未嘗聞君子道、胃之不悤。未嘗見賢〔人〕(一)、胃之不明(二)。聞君子道而不知亓君子道也、胃之不聖(二)。見賢人而不知亓有德也、胃之不知。見而知之(三)、知(四)也。聞(五)而知之、聖也。明明、知也。壑壑、聖。明明在下、壑壑(六)在上、此之胃也。

未だ嘗て君子の道を聞かず、之を悤（聰）ならずと胃《い》（謂）う。未だ嘗て賢人を見ず、之を明ならずと胃（謂）う。君子の道を聞けども亓《そ》の君子の道を知らざるや、之を聖ならずと胃（謂）う。賢人を見れども亓の徳有るを知らざるや、之を知（智）ならずと胃（謂）う。見て之を知るは、知（智）なり。聞きて之を知るは、聖なり。明明は、知（智）なり。壑（赫）壑（赫）は、聖なり。明明は下に在りて、壑（赫）壑（赫）は上に在りとは、此の胃（謂）なり。

【注釈】

（一）人――「楚簡五行篇」によって補う。

（二）明・聖――この章に見える「聖」や「明」は説十三の「曖也者、聖之臧於耳者也。明也者、知之臧於目者也」と等しく聴覚や視覚の明断性を指す原初的な用法である。ただ、最後で「明明、知也。壑壑、聖。明明在下、壑壑在上、此之胃也」といわれるのはこの用法と少し異なる。同じく『老子』甲本巻後古佚書「徳聖篇」には「知人道曰知、知天道曰聖」と見え、これによれば知は形而下の人の道を認知する明晰性、聖は形而上の天の道を認知する明晰性をいうのであって、「明明在下、赫赫在上」という『詩』は形而下の人道と形而上の天道という認知する対象（領域）の違いを述べたことになる。

（三）見而知之――説十七の「見賢人而不知亓有悳也胃之不知」により、「見」の目的語に「賢人」を補って訳す。

（四）知――文脈上「明」でなければならない。

（五）聞――説十七の「聞君子道而不色然、而不知亓天之道也、胃之不聖」により、「聞」の目的語に「君子道」を補って訳す。

（六）𨷻𨷻――『詩』大雅・大明篇の語。そこでは「赫赫」に作る。「𨷻𨷻」は「赫赫」の仮借字であろう。詩の句は「明明在下、赫赫在上」である。毛伝は「明明、察也。文王之德、明明在下。故赫赫然著見於天」と説く。これでいけば「赫赫」の本来の意味は文王の徳が天に輝いていることの形容であろう。「五行篇」はこれを天を認知する聖の徳の比喩として用いるのである。

【口語訳】

まだ君子の道を聞いたことがないのを耳が聡くないという。まだ賢人を見たことがないのは眼が明らかでないという。君子の道を聞くことがあってもそれが君子の道であることを認知できないのは聖（耳が聡明）ではないという。賢人を見てもその人が徳を有していることを認知できないのは智（眼が明晰）ではないという。見たもの（が賢人であること）を認知する（ことができる）のが智である。聞いたもの（が君子の道であること）を認知する（ことのできる）のが聖である。（『詩』大雅・大明篇に）「明明」というのは智のことであり、（『詩』の大雅・大明篇に）「赫赫」というのは聖のことである。（『詩』の大雅・大明篇に）「（智である）明明が下に在り、（聖である）赫赫が上に在る」というのはこのことを言うのである。

経十八

聞君子道、悤也。聞而知之、聖也。聖人知而道。(一) 知而行之、聖(二)也。行〔之而時、德也。見賢人、明也〕(三)。見而知之、知也。知而安之、仁也。安而敬之、禮也。〔仁義、禮樂所繇生也。五行之所和、和〕(四)則樂。樂則有德。有德則國家與(五)〈興〉。〔文王之見也如此(六)〕。詩曰、文〔王在上、於昭(七)〕于天、〔此之謂也(八)〕。

君子の道を聞くは、悤（聰）なり。聞きて之を知るは、聖なり。聖人は而《てん》〈天〉道《どう》を知る。知りて之を行うは、聖《ぎ》〈義〉なり。之を行いて時なるは、德なり。賢人を見るは、明なり。見て之を知るは、知（智）なり。知りて之を安んずるは、仁なり。安んじて之を敬するは、禮なり。仁義は、禮樂の繇《よ》（由）りて生ずる所なり。五行の和する所、和せば則ち樂しむ。樂しめば則ち德有り。德有れば則ち國家與《おこ》〈興〉る。文王の見るや此の如し。詩に曰く、文王　上に在り、於《ああ》天に昭らかなりとは、此の謂なり。

【注釈】

（一）而道――「而」は「天」の誤り。君子道に等しい。「帛書五行篇」において最高規範概念は五行の德が発現した「聖」の境地であるが、それにもかかわらずこの「聖」の段階に到達した最高人格は「聖人」ではなく「君子」とされる。この点、「帛書五行篇」の思想形成を考える上で注意を要す。

（二）聖――義の誤り。「楚簡五行篇」は「義」に作る。説十八も同じく「義」に作る。

（三）之而時……人、明也――「楚簡五行篇」によって補う。

（四）仁義禮……所和和――「楚簡五行篇」によって補う。ただし、「仁義」は「楚簡五行篇」は「聖智」に作るが、帛書の説では「仁義」に作る。帛書のコンテキストを優先させる建前から「仁義」に改める。

（五）國家――「楚簡五行篇」は「邦国」に作る。帛書の方が「国家」に作るのは劉邦の諱「邦」を避けたもののように見えるが、同じく「帛書五行篇」の説二十五に「邦人」の語が見えていることからは、「帛書五行篇」中避諱の意識はなく、単に「国」と「邦」が互通の関係にあることを示すにすぎまい。

（六）文王……如此――「楚簡五行篇」によって補う。

（七）王在上、於昭――「楚簡五行篇」によって補う。

（八）此之謂也――「楚簡五行篇」によって補う。

【口語訳】

君子の道を聞く（ことのできる）のが（耳の）聡さである。聞いて（それが君子の道であることを）認知できるのが聖である。聖（の徳を耳に備えた）人は（君子の歩む）天の道を認知する者である。（天の道を）認知して（それを）行動に移す（ことができる）のが義である。行動に移して時宜にかなった状態が徳である。賢人を（賢人のままに）見る（ことのできる）のが（目の）明（晰さ）である。見て（それが賢人であることが）認知する（ことのできる）のが智である。（賢人を）認知して安らか（な心境）になるのが仁（の徳の発現）である。安らか（な心境）になって（賢人を）敬うのが礼である。仁と義とは礼楽がそこから生まれてくる源である。（仁・智・義・礼・聖の）五徳行が調和しようとして、いったん調和したならば楽しみ（の境地）に満たされる。楽しみ（の境地）に満たされたならば、徳が備わることになる。徳が備わったならば、国家が興隆する。文王様が見通されたのはこのようなことであった。『詩』（の大雅・文王篇）に「文王が民の上に君臨して（その徳が）光り輝くばかりである」というのは、このことをいうのである。

経十九

見而知之、知也。知而安之、仁〔也。安而行〕(一)之、義也。行而敬之、禮。仁義、禮知之所繇生也。(二)四行之所和、〔和〕(三)則同、同則善。

見て之を知るは、知（智）なり。知りて之を安んずるは、仁なり。安んじて之を行うは、義なり。行いて之を敬するは、禮なり。仁義は禮知（智）の繇《よ》（由）りて生ずる所なり。四行の和する所、和せば則ち同じ、同ずれば則ち善なり。

【注釈】

（一）也。安而行――「楚簡五行篇」によって補う。

（二）仁義、禮……繇生也――「楚簡五行篇」は「仁義禮所穀（由）生也」に作る。「仁義禮知の繇りて生ずる所なり」と読んで、「（君子に起因する見る・知る・行う・敬うの心情は全て）仁義礼知の徳が生まれてくる源である」と訳せないこともないが、経十八の場合に合わせて読んでおく。龐朴氏（前掲書、五三頁）・池田知久氏（前掲書、四〇一頁）による。

（三）和――「楚簡五行篇」によって補う。

【口語訳】

見て（それが君子の道であることを）認知す（ることのでき）るのが智である。（君子の道を認）知（す）ることができて安らか（な心境）になるのが仁（の徳の発現）である。安らか（な心境）になって（君子の道を）行うのが義である。（君子の道を）行って敬いの意識を持つのが礼（の徳の発現）である。仁（の徳）と義（の徳）は礼（の徳）と智（の徳）がそこから生まれてくる源である。（仁・義・礼・智の）四徳が調和しようとして、（いったん）調和したならば、同化して（それらは）一つになり、一つになった状態、それが善（の心映え）である。

経二十

〔不簡〕(一)不行。不匿、不辨於道。有大罪而大誅之、簡。(二)有小罪而赦之、匿也。有大罪弗〔大誅、不〕行。(三)匿、有小罪而弗赦、不辨〔於〕道。簡之爲言也(四)猷賀、(五)大而罕者。(六)匿之爲言也猷匿匿、(七)小而軫者。(八)簡、義之方也。匿、仁之方也。剛、義之方殹。(九)柔、仁之方也。詩曰、(一〇)不勮不救、不剛不柔、此之胃也。

簡ならざれば行わず。匿《かく》さざれば、道に辨《わか》たず。大罪有りて大いに之を誅するは、簡なり。小罪有りて之を赦すは、匿なり。大罪有りて大いに誅せざるは、行はれず。小罪有りて赦さざるは、道に辨たず。簡の言爲《げんた》るや猷（猶）お賀（衡）のごとく、大にして罕なる者なり。匿の言爲るや猷（猶）ほ匿（慝）を匿すがごとく、小にして軫《おお》き者なり。簡は、義の方なり。匿は、仁の方なり。剛は、義の方なり。柔は、仁の方殹《なり》（也）。詩に曰く、勮ならず救ならず、剛ならず柔ならずと、此の胃《いい》（謂）なり。

【注釈】

（一）不簡――「楚簡五行篇」によって補う。

（二）簡――「楚簡五行篇」は「簡也」に作る。経十一注（三）参照。

（三）大誅不行――「楚簡五行篇」によって補う。なお、「楚簡五行篇」は行の字が断欠して存しない。

（四）爲言――言爲ると読んで、字の意味を音義によって説明する用法。普通、「声訓」と呼ばれる訓解法である。

（五）賀――「楚簡五行篇」は「練」に作る。荊門市博物館は「練、疑借作間」という（前掲書、一五四頁、注五二）。国家文物局古文献研究室は「賀」を「加」と読む（前掲書、二五頁注二五）が、龐朴氏のように「衡」の仮借でその意味は秤杆とみるべきである（前掲書、五六頁）。説二十に「簡爲言猷衡也」というのを参照。

（六）罕者――「楚簡五行篇」は「晏者也」に作る。荊門市博物館は「晏・罕、両字音近」といい、仮借とみる（前掲書、一五四頁、注五三）。

（七）匿匿――国家文物局古文献研究室は『爾雅』釈詁の「匿、微也」を当てる（前掲書、二五頁注二六）が取らない。龐朴氏は「匿匿」の下の匿の字は「慝」に通じ「邪悪」のこととする（前掲書、五六頁）。これに従う。魏啓鵬氏は「暱」と読み「止也。親也」と解す（前掲書、二〇頁）。これでゆけば、身内の罪を匿すことになろう。これでも通ずる。「五行篇」が仁を「犯罪をかばう」心境に解釈を求めるのには、『論語』子路篇に見える直躬の故事が影響しているのであろう。

（八）小而軫者――「楚簡五行篇」は末尾に「也」の字を加える。

（九）殹――「楚簡五行篇」なし。

（一〇）詩曰――「楚簡五行篇」なし。『詩』商頌・長発篇の文。原文は「不竟不絿、不剛不柔」に作る。勮と救については説二十に「勮者、強也。詸者、急也」という。

【口語訳】

正確に（善悪を）判断しないのであれば行うことはできない。（小さな過失を）匿してやる思いやりがなければ道にかなっているかどうか弁別できない。（罰すべき）大罪があって積極的に誅伐するのは道に照らして正確に（善悪を）判断したことである。（赦してやった方がいい）小罪を赦してやるというのは、匿してやる思いやりということである。（罰すべき）大罪がありながらそれを積極的に誅伐しようとしないのは行う（べき）ことではない。（赦してやった方がいい）小罪でありながら赦してやらないのは、道に照らして（善悪を）正確に弁別できないことである。（正確に善悪を判断するということ）簡という字の意味は（物の軽重を）衡るというのと同様である。重大事ではあるが稀にしか用いられないことである。（隠してやる思いやりという）匿の字の意味は、慝（＝邪悪、この場合はデキゴコロほどの意）を匿してやるというのと同様である。小事ではあるが頻繁に用いられる。（正確に善悪を判断する）簡は義を発現させる手段であり、匿（してやる思いやり）は仁を発現させる手段である。剛は義を発現させる手段であり、柔は仁を発現させる手段である。『詩』商頌・長発篇に「強いることもなく急ぎすぎることもない。剛（かた）くもなく柔らかくもない」というのは、これを言うのである。

経二十一

君子雜泰成。能進之爲君子、不能進[一]、客止於亓〔里〕[二]。大而炭者[三]、能有取焉[四]。小而軫者、能有取焉[五]。索纑纑[六]、達於君子道[七]、胃之賢。君子、知而挙之。胃之尊賢。君子、従而事之[八]、胃之尊賢[九]。前、王公之尊賢者〔也[一〇]。後〕、士之尊賢者也。

君子は雜《あつ》（集）めて泰（大）成す。能く之を進むれば君子と爲り、進む能わざれば、客《おの》（各）おの亓《そ》の里に止まる。大にして炭《まれ》（罕）なる者は、能く焉に取る有り。小にして軫《おお》き者は、能く焉に取る有り。索として纑纑たりて、君子の道に達する、之を賢と胃《い》（謂）う。君子は、知りて之を挙ぐ。之を賢を尊ぶと胃（謂）う。君子は、従いて之に事《つか》うるも、之を賢を尊ぶと胃（謂）う。前は、王公の賢を尊ぶ者なり。後は、士の賢を尊ぶ者なり。

【注釈】

（一）不能進――「楚簡五行篇」には末尾に「也」がある。

（二）里――「楚簡五行篇」によって補う。説では「理」に置き換える。が、理は里の仮借と見るべきである。池田知久氏は里を村里の意に解し、説二十一に見える「四海」や「天下」にまで暢びやかに広がって行く「雜泰成」とはまさに対蹠的な、いつでも「仁の里」「義の里」に跼足している狭い村里のそれであるとみる（前掲書、四五〇頁）。ただし池田氏がこのように述べるのはレトリックがそのような意味であるということで、帛書のコンテキストの上からは、各々の到達しえた心情をいうことはいうまでもない。

（三）炭者――「楚簡五行篇」は「晏者」に作る。前節注（六）参照。

（四）大炭而……有取焉――説二十一に「大而炭者、能有取焉、大而炭也者、言義也。能有取焉者也、能行之」と。

（五）小而軫……有取焉――説二十一に「小而軫者、能有取焉、小而軫者、言仁也。能有取焉者也、能行之」と。

（六）纑纑――龐朴氏は墨家の索盧参ではないかと疑う（前掲書、五九頁）。国家文物局古文献研究室は説二十一では「衡盧盧」に作ることから「索」も「衡」も「率」の誤りで、その意味は『礼記』中庸篇の「率性之謂道」の鄭注の「率、循也。循性行之是謂道」であるといい、また「纑」「盧」についてもともに「儢」と読むべきであって、その意味は『荀子』非十二子篇「労苦事業之中則儢儢然」の注に「儢不勉強之貌」というのに同じ、「帛書五行篇」の場合は「道を学んだ人は努力を要することなく目的に到達することができる」の意である（前掲書、二五頁注二八）、という。けれども魏啓鵬氏が説二十一の文によって「衡盧盧」に改め、「衡」は「赫」の仮借字。「盧盧」は「石鼓文」の「嚛嚛」や「嚧嚧」「烺烺」に通じ、その意は「光顕昭明之貌」であるといい、「賢者が集大成の境地に至ったから大いに成って光り輝やかんばかりの容貌になった」（前掲書、二三頁）と解するのが最もよく通じよう。

（七）索纑纑……君子道――「楚簡五行篇」は「疋膚膚者君子道」に作り、裘錫圭氏はこの楚簡の「者」を「諸」と読み、「於」の意に解す（荊門市博物館編前掲書、一五四頁、注五七）。帛書と一致して妥当である。

（八）君子、従而事之――「君子」は「楚簡五行篇」にはない。「従而事之」は「智而事之」に作る。

（九）尊賢――「楚簡五行篇」には末尾に「也」がある。

（一〇）前、王公……者也――「楚簡五行篇」にはこの部分がない。また、「也。後」の二字は国家文物局古文献研究室（前掲書）によって補う。

【口語訳】

君子は（仁・智・義・礼・聖の五徳を）集め（整え調和し）て（それを）大成させるのである。進め（て仁・智・義・礼・聖の五徳を心に発現させ）ることのできた者が君子となり、（そこまで）進めなかった者はその各々が到達できた村里（＝段階、心の境地）に止まることになる。大きいけれどもめったに起こらない事件からは（その事件に対応する心構えから）義（の意識）を手に入れることができ、小さいけれども頻繁に起こる事件からは（その事件に対応する匿してやる思いやりの意識から）仁（の意識）を手に入れることができる。（こうした心境になりえた者の容貌は）盛んで光り輝くばかりになって、君子の道に到達することになる。こうした者を賢（者）と呼ぶ。君子は（その者が君子の道に到達した賢者であることを）知って（彼のことを）登用する。これを賢（者）を尊ぶという。また、君子が（賢者に弟子として）従い（彼に）師事するのも賢（者）を尊ぶという。前（のケース）は王公が賢（者）を尊ぶ場合であり、後（のケース）は士が賢者を尊ぶ場合である。

経二十二

耳目鼻口手足六者、心之役也（一）。心曰唯、莫敢不〔唯（二）。心曰諾、莫（三）〕敢不〔諾。心（四）〕曰進、莫敢不進。〔心曰後、莫敢不後。心曰深、莫敢不深（五）。〕心曰淺（六）、莫敢不淺。和則〔同、同則善（七）〕。

耳・目・鼻・口・手・足の六者は、心の役なり。心 唯《い》せよと曰えば、敢えて唯せざるは莫し。心 諾せよと曰えば、敢えて諾せざるは莫し。心 進めと曰えば、敢えて進まざるは莫し。心 後《おく》れよと曰えば、敢えて後れざるは莫し。心 深かれと曰えば、敢えて深からざるは莫し。心 淺かれと曰えば、敢えて淺からざるは莫し。和せば則ち同じ、同ずれば則ち善なり。

【注釈】

（一）役――「楚簡五行篇」は「返」に作る。

（二）唯――承諾の返事。諾も同じ。池田知久氏は『礼記』曲礼上篇「父召無諾、先生無諾、唯而起」の鄭注「応辞。唯恭於諾」により、唯の方が諾に較べていっそう恭敬の念がこもった返事である、とする（前掲書、四八一頁）。

（三）唯心……諾莫――「楚簡五行篇」によって補う。ただし、楚簡はここ以下に見えている「心曰」を全て脱しているが、「帛書五行篇」ではこの脱文を挟んで前後に「心曰」が見えているから、当然補わなければならない。

（四）諾。心――「諾」の字は「楚簡五行篇」によって補いえるが、下の「心」の字は存在しない。帛書のコンテキストでは当然補うべきである。

（五）心曰……不深――「楚簡五行篇」によって補う。「心曰」は楚簡五行篇にはないが、注（二）の場合同様補う必要がある。

（六）淺――「楚簡五行篇」は「[illegible]」に作る。裘錫圭氏のいうように「浅」と読むべきであろう（荊門市博物館編前掲書、一五四頁、注六三）。説二十二に「心曰深、莫敢不深。心曰淺、莫敢不淺。深者甚也。淺者不甚也。深淺有道矣。故父謼、口含食則堵之、手執業則投之。雖而不若、走而不趨。是莫敢不深也。於兄則不如是亓甚也。是莫敢不淺也」と。これによれば、「深」「浅」は礼を行う相手に対する程度の深・浅を指すことになる。

（七）同、同則善――楚簡五行篇によって補う。

【口語訳】

（人体の）耳・目・鼻・口・手・足の六者は心に使役されるものである。心が「ハイッと言って従え」というと、「イヤッ」と言って従うまいとするものはない。心が「承諾せよ」といえば承諾すまいとする者はない。心が「進め」というと進もうとしない者はない。心が「後れよ」というと後れようとしない者はない。心が（礼を尽くす程度を）「深くせよ」というと深くすまいと思う者はない。心が（礼を尽くす程度を）「浅くせよ」というと、浅くすることはすまいと思う者はない。（耳・目・鼻・口・手・足の所作と心の指令とが）調和したならば一つに同化し、一つに同化すると、それが善の境地である。

経二十三

〔目而〕(一) 知之、胃之進之。

目して之を知る、之を之を進むと胃《い》（謂）う。

【注釈】

（一）目――説二十三に「目之也者、比之也」と。魏啓鵬（前掲書六八頁）・島森哲男（「馬王堆出土儒家古佚書考」『東方学』第五十六輯、一九七八年）の両氏はいずれも比は方（くらべる）であるという。複数の事例を比較してその違いを見い出すこと。

【口語訳】

（他の物と）方《くら》べて（互いの違いを見い出すことからそのものの固有の性質を）認知することを進める、という。

経二十四

辟(一)而知之、胃之進之。

辟《たと》え（譬）て之を知る、之を之を進むと胃《い》（謂）う。

【注釈】

（一）辟――譬に同じ。譬は今日「たとえる」と訓まれる。帛書の「辟」もこの意味を敷衍するであろう。この場合、「たとえる」というのは、説二十四の「辟丘之與山也、丘之所以不如名山者、不責也」からみると、他者にたとえ、それに重ね合わせてそこに生ずる差異に注目し、そのものの本質を明らかにすることと考えられる。龐朴氏は『墨子』小取篇の「辟、挙他物而以明之也」を引いて「帛書五行篇」の解に当て（前掲書、六四頁）、魏啓鵬氏は「譬而知之、是譬比之、即比較」と説明する（前掲書、七二頁）が、これでゆけば経二十三の「目而知之」に近いことになる。

【口語訳】

（他の物に）たとえて（重ね合わせて、互いの違いを見い出すことからそのものの特質を）認知することを進める、という。

経二十五

諭（一）而知之、胃之進〔之（二）〕。

諭（喩）して之を知る、之を之を進むと胃《い》（謂）う。

【注釈】

（一）諭――説では「楡」に作られる。その意味は経二十四の「辟」とほぼ同様であろう。ただ、「辟」と比較した場合少し違いがあり、魏啓鵬氏は「喩而知之」は比喩・類比によって知ることで「辟」との間に区別がある、という（前掲書、七二頁）。今は説二十五に「楡之也者、自所小好楡虖所大好」によって、他物に例を取りその違いやそのものの方向性を知ることほどの意に解しておく。なお、経二十三の「目」・経二十四の「辟」・経二十五の「諭」はいずれも対象物を認知する方法のオムニバスであるが、これらは自己の人間性を高める工夫として提示されるもので、経二十六に「鐖而知之」というのが天の認知法であるの前段階として示される。その意味ではこれら「目」「辟」「諭」等は仁・義・礼・智・聖の五徳が備わった者が限りなく天の高みに近づいて行く状況を、その認識法の面から説明したと見ることができよう。

（二）之――「楚簡五行篇」によって補う。

【口語訳】

（少しでも興味を抱いている事柄を大いに興味を抱いている事柄に）例を取って（自分のすべきことを）認知できることを進める、という。

経二十六

〔鐖（一）而知之、天（二）〕也。設曰（三）、上帝臨女（四）、毋膩（貳）爾心、此之謂也。

鐖して之を知るは、天なり。設《し》（詩）に曰く、上帝 女《なんぢ》（汝）に臨む、爾《なんぢ》の心を膩（貳）にする毋かれとは、此の謂《いい》なり。

【注釈】

（一）鐖――帛書整理小組は「鐖読為譏、察也」といい、龐朴氏は「仮為機、吉凶先兆也。釈文本注鐖為察、恐非是」といって帛書整理小組の説を否定する（前掲書、六六頁）が、魏啓鵬氏が朱駿声に従って鐖を譏察の本字とみ（前掲書七三頁）、帛書整理小組と同様、察と解するのが文意に合う。ちなみに、「楚簡五行編」は「幾」に作る。

（二）鐖而知之、天――「楚簡五行篇」によって補う。

（三）設曰――「楚簡五行篇」にはこの字がない。『詩』大雅・大明篇。

（四）臨女――「楚簡五行篇」は「賢女」に作るが、裘錫圭氏のいうように「賢」は「臨」の誤りであろう（荊門市博物館編前掲書、一五四頁、注六四）。

【口語訳】

（深く）洞察（し予見）して（そのものを）認知するのは天である。『詩』大雅・大明篇に「上帝はそなたを見据えている。（だから）そなたはフタゴコロを抱いてはならぬ（それは天に見透かされている）」というのはこの意味である。

経二十七

天生諸亓人、(一) 天也。其人施諸〔人、⿰亻盧〕(二)也。其人施諸人、不得亓人、不爲法。(三)

天諸《これ》を亓《そ》の人に生ず、天なり。其の人諸《これ》を人に施すは、⿰亻盧なり。其の人諸を人に施せども、亓の人を得ざれば、法と爲さず。

【注釈】

(一) 天生諸亓人――「楚簡五行篇」は「大⿰亻盧者其人」に作る。

(二) 人、⿰亻盧――「楚簡五行篇」によって補う。⿰亻盧の字は意味不明。これまでは説二十七によって「人」が補われていたが、おそらくは不当であろう。池田知久氏もやはり意味不明とし敢えて「人」の異体字ではないかと推測する(『郭店楚墓竹簡『五行』訳注』『郭店楚簡の思想史的研究』東京大学郭店楚簡研究会編、一九九九年)。「⿰亻盧」はおそらくは「儢」の錯字か異体字で「嚧」の仮借字ではないか。「嚧」は魏啓鵬氏が言うように「嚧嚧」のように用いられ、その意味は「光顕昭明」であって、経二十一では「纑」に作り、説二十一では「盧」に改められるが、いずれも同じ意味であろう。説二十一では「賢者が集大成の境地に至ったから大いに成って光かがやかんばかりの容貌になった」ことの意(以上のことは経二十一の注六を参照されたい)。ここで「⿰亻盧」に作るのは「光顕昭明」を擬人化した表現であるためであろうか。今は一応仮説として「五徳を集大成してその容貌が光り輝かんばかりになっている賢人」を指すものと見ておく。

(三) 其人施……不爲法――この部分は「楚簡五行篇」には存しない。「不得亓人、不爲法」について、魏啓鵬氏は『礼記』中庸篇の「君子動而世為天下道、行而世為天下法」と同旨であるという(前掲書、二四頁)。

【口語訳】

天がこれ(ら仁・智・義・礼・聖の五徳)をその人に生じ(発現)させるのは天である。この(天の与えた五徳を意識裡に発現しえた）人がこれ（ら五徳）を（他の）人に施す（役割を担ったも）のが、五徳を集大成してその徳が光り輝かんばかりになっている賢人である。人がこれ（ら五徳）を（他の）人に施そうとしてもそれにふさわしい（五徳を集大成してその容貌が光り輝かんばかりになっている賢）人を得られないのであれば、（その施しは）法（典範）とはなりえない、のである。

経二十八

聞君子道(一)而説(二)、好仁者也。聞道而〔畏、好〕(四)義者也。聞道而共、〔好〕(四)禮者也。聞〔道〕而樂(五)、有徳者也。

君子の道を聞きて説《よろこ》(悦)ぶは、仁を好む者なり。道を聞きて畏(威)あるは、義を好む者なり。道を聞きて共《うやうや》(恭)しきは、禮を好む者なり。〔道を〕聞きて樂(五)しむは、徳有る者なり。

【注釈】

(一)君子道――「楚簡五行篇」は「道」に作る。

(二)而説――「楚簡五行篇」は「而兌者」に作る。

(三)畏、好――「楚簡五行篇」によって補う。ただし、説二十八では「威」に作る。

(四)好――「楚簡五行篇」によって補う。

(五)聞道而樂――龐朴・魏啓鵬氏のいうように説二十八に「聞道而樂、有悳者也」とあることから「聞」の下に「道」の字を補うべきである(龐氏前掲書六八頁・魏氏前掲書二五頁)。「楚簡五行篇」には「道」の字が存する。

【口語訳】

君子の道を聞いて悦ぶのは仁を好む者である。(君子の)道を聞いて威儀が備わるようになるのは義を好む者である。(君子の)道を聞いて恭しくなるのは礼を好む者である。(君子の道を)聞いて楽しみの境地に至るのは徳が備わった者である。

説六(一)

聖之思也輕、思也者思天也。輕者尚矣。

輕則刑、刑者刑亓所思也。酉下子(二)輕思於翟、路人如斬。酉下子見其如斬也、路人(三)如流(四)。言其思之刑也。

刑則不忘、不忘者、不忘其所〔思〕(五)也。聖之結於心者也。

不忘則⿰口雙、⿰口雙者聖之臧於耳者也。猶孔子之聞輕者之鼓而得夏之盧(六)也。

⿰口雙則聞君子道、道者天道也。聞君子道之志耳而知之也。

聞君子道則〔玉音、玉音者、忌有弗爲(七)〕而美者也。

聖者聞志耳而知亓所以爲〔之(八)〕者也。

玉音則〔聖〕。□□□□

〔刑則聖(九)〕□□□□聖。


聖の思いや輕《ひさ》しとは、思うとは天を思うなり。輕しとは尚《ひさ》しきなり。輕しければ則ち刑《あら》（形）わるとは、刑（形）わるとは、亓《そ》の思う所を刑（形）わすなり。酉下子輕しく思いて於翟すれば、路人斬らるるが如し。酉下子其の斬らるるが如きを見るや、路人流るるが如し。其の思いの刑（形）わるるを言うなり。

刑（形）わるれば則ち忘れずとは、忘れずとは、其の思う所を忘れざるなり。聖の心に結ぶ者なり。

忘れざれば則ち⿰口雙（聰）なりとは、⿰口雙（聰）とは、聖の耳に臧（藏）する者なり。猶お孔子の輕者の鼓を聞きて夏の盧を得たるがごときなり。

嘍（聰）なれば則ち君子の道を聞くとは、道とは天道なり。君子の道の耳に志《しる》さるるを聞きて之を知るなり。君子の道を聞けば則ち玉音すとは、玉音すとは、忌《おのれ》（己）爲さずして美なる者有るなり。聖とは耳に志すを聞きて亓の之を爲す所以の者を知るなり。

玉音すとは則ち聖なり。…………

刑（形）わるれば則ち聖なりとは…………聖。

【注釈】

（一）この節から以後は龐朴氏に従って「説」と呼び、これまでの部分が「経」に相当したのとは区別する。以後は国家文物局古文献研究室の釈文を底本として使用し、図版や他の説に拠って文字を改めることとする。その際には一々注記する。また、龐朴氏や池田知久氏は経と説の部分を対挙して示すが、本書では帛書の順に従って配置する。なお、解説で述べたようにここ以下は「郭店楚簡五行篇」には存在しない。従って、「帛書五行篇」の説の部分が著わされ、それが「楚簡五行篇」と合わされて今の様な「帛書五行篇」が誕生するのは、戦国中期以後漢の文帝までのいずれかの時期ということになる。それが秦儒の所作であろうとするのが私の説であり、子思の後学であろうとするのが李学勤氏の説である。

（二）酉下子——帛書整理小組・国家文物局古文献研究室（前掲書、二六頁注二九）はともに柳下恵を指すのではないかと疑い、魏啓鵬氏は、『周礼』大宗伯の「以槱燎祀司中・司命・風師・雨師」を『風俗通』祀典篇が「以柳燎祀風師」に作るのを根拠に、「酉下子」とは「柳下子」であるといい、また柳下恵は『孟子』万章下篇に「柳下恵、聖之和者也」といい、「帛書五行篇」の立場と一致するから、帛書中に柳下恵が引用された、という（前掲書、二六頁）。また、「於翟」の二字を魏啓鵬氏は「帛書徳聖篇」の「其事化翟」と同義で、「於」は「化」に通じ、声の転。その意味は「化施変易」であるという（同上）。

（三）路人——様々な解釈があるが、「酉下子」が「柳下恵」であり、その柳下恵は『論語』微子篇の「柳下恵為士師」の皇疏に「士師、獄官也」と言われる以上、帛書整理小組の言うように「累人」、すなわち「獄に繋がれた人」を指すと見なければならない。魏啓鵬氏は帛書整理小組の解釈を是として「路人斬らるるが如し」とは累人が柳下恵の断獄に従った、と解する（前掲書、二七頁）。

（四）流――魏啓鵬氏は「流」は「化」のことで、柳下恵は『国語』魯語に「堯能単均刑法以儀民」「湯以寛治民而除其邪」といわれるような政治を目指し「徳化」を重んじたことが見えているから、「路人如流」とは累人がまた柳下恵の刑徳の教化に従った、と解釈する（前掲書、二七～八頁）。

（五）思――国家文物局古文献研究室は一字の欠字のまま残すが、池田知久氏によって補った（前掲書、二〇六頁）。

（六）廬――魏啓鵬氏は、「廬」は「搏」の仮借字で「夏の廬」とは「夏の搏」、すなわち太鼓の名で「搏拊」をいう。『礼記』明堂位篇に「拊搏玉声」といい、その鄭注に「拊搏、以韋為之、充之以糠、形如小鼓、所以節楽」というのはその音色が軽微であることをいい、「帛書五行篇」の「軽者之鼓」と応ずる。『太平御覧』巻八十二に引く『鬻子』に「禹之治天下也、以五声聴。門懸鼓・鐘・鐸・磬、而置鞀于簨簴。曰、教寡人以道者撃鼓」といい、夏の始祖大禹が門に太鼓や磬を懸けておいて自分に道を説かんとする者があればこれを打って知らせるようにした故事を載せている（前掲書、二八～九頁）という。

（七）玉音……弗爲――国家文物局古文献研究室は八字の欠字のまま残すが、池田知久氏によって補った（前掲書、二〇八頁）。

（八）之――国家文物局古文献研究室は一字の欠字のまま残すが、池田知久氏によって補った（前掲書、二〇九頁）。

（九）刑則聖――池田知久氏のいうようにこの部分には経文が本来あるべきで、それが脱したものとみなし補った。（池田氏、前掲書、二〇九頁）

【口語訳】

「聖（の徳を発現させるため）の思いはひさしく続けなければならない」というのは、思うとは天を思うことである。軽しいとはひさしいことである。

「ひさしく思い続けると現れ（るものがあ）る」、とは、現れ（るものがあ）るというのはその思い続けていたものを（行為の中に）現すことである。柳下恵がひさしく思い続け（聖の能力を有する人に同）化す（る）と、獄囚たち極悪人は（柳下恵の手に掛かり）斬首の刑に処されたいと望むかのようであり、柳下恵が獄囚たちが斬首の刑に処されたい様子を見ることになったのは、獄囚たちの間に（柳下恵の）教化が行き渡ったということである。その思いが現れたことをいうのである。

「現れ（るものがあ）ると忘れることはない」とは、忘れることがないというのは、その思い続けていることを忘れることがないということである。聖を心に思い続け、解こうとしないことである。

「忘れることがないと聡くなる」というのは、聡くなるとは、聖の徳が耳におさめられていることである。孔子が鼓を鳴らす軽微な響きの中にも夏王朝の始祖大禹（が道を求めて鳴らさせたあ）の搏拊の音色を聞き取った、というのはその例である。

「聡くなれば君子の道を聞く（ことができる）」とは、道とは天道のことである。君子の道が耳朶に（掛かって）記されるかのように聞き取って認知することである。

「君子の道を聞く（ことができる）と玉のごとき（澄んだ）響きの声色になる」とは、玉のごとき（澄んだ）声色になるというのは、自分から故意にそのようにするわけでもないのに声色が美しくなる、ということである。

聖とは（君子の道を）耳朶に書き込まれるほどに聞いて、その（君子の道にかなう）ようにしなければならない道理が分かることである。

「玉のごとき（澄んだ）声色になるとは」聖（の徳の発現）である。………

「現れるものがあるとそれが聖である」とは………聖。

説七

尸叴在桑、直之。(一)

亓子七也、尸叴二子耳。曰七也、與言也。(二)

〔叔人君子〕其〔宜一氏、叔〕(三)人者、□。〔宜〕者義也。言亓所以行之義之一心也。

能爲一、然笱能爲君子、能爲一者、言能以多〔爲一〕。以多爲一也者、言能以夫〔五〕(四)爲一也。

君子愼亓蜀也、愼亓蜀者、(五)言舍夫五而愼亓心。之胃□□。然笱一也。一者、夫五夫爲〔一〕(六)心也。然笱德之一也。乃德已。德猶天也。天乃德已。

嬰嬰于蜚、駐貤亓羽、嬰嬰、與也。言其相送海也、(七)方亓化、(八)不在亓羽矣。

之子于歸、袁送于野。詹忘弗及、〔泣〕涕如雨、能駐貤亓羽、然笱能〔至〕哀、言至也。駐貤者言不在嗺經。(九)不在嗺經也、然笱能〔至〕哀。夫喪正經脩領而哀殺矣。言至内者之不在外也。是之胃蜀。蜀也者舍體也。

尸（鳲）叴（鳩）桑に在りとは、之を直にするなり。

亓《そ》の子七つとは、尸（鳲）叴（鳩）は二子のみ。七と曰うは、與（興）言なり。

叔人君子は其の宜一なりとは、叔人とは、……なり。宜とは義なり。亓の之を行う所以の義の一心なるを言うなり。

能く一と爲りて、然る笱《のち》（后）能く君子と爲るとは、能く一と爲るとは、能く多きを以て一と爲すを言う。多きを以て一と爲すとは、能く夫の五を以て一と爲すを言うなり。

君子は亓の蜀《ひと》（獨）りを愼むとは、亓の蜀（獨）りを愼むとは、夫の五を舍てて亓の心を愼むを言う。之を……と胃（謂）

う。然る笱（后）一なり。一とは、夫の五を夫れ一心と爲すなり。然る笱（后）徳之れ一なり。乃ち徳のみ。徳は猶お天のごときなり。天は乃ち徳のみ。

嬰嬰于に翡《と》（飛）び、亓の羽を⿰貝左貤（池）すとは、嬰嬰とは、與（興）なり。其の相海に送るや、亓の化するに方りて、亓の羽に在らざるを言うなり。

之の子于《ここ》に歸る、袁（遠）く野に送る。詹（瞻）忘（望）すれども及ばず、泣涕雨の如しとは、能く亓の羽を⿰貝左貤（池）して、然る笱（后）能く哀しみを至《いた》すとは、至すを言うなり。⿰貝左貤（池）すとは嗺（衰）経に在らざるを言うなり。嗺（衰）経に在らずして、然る笱（后）に能く哀しみを至す。夫れ喪は経を正して領を脩めて哀殺《そ》ぐ。内に至る者の外に在らざるを言うなり。是れを之れ蜀（獨）りと胃（謂）う。蜀（獨）りとは⿰月豊（體）を舍つるなり。

【注釈】

（一）直之――龐朴氏は「文意が自明で、何ら贅言を要しないという意である」といい（前掲書、三三頁）、池田知久氏は「経文の文意が自明であって、何ら説明を加える必要がない場合のテクニカル・ターム」と説明する（前掲書、二二五頁）。

（二）與言――「與」は「興」の誤り。「興」は『詩』の修辞法「六義」の一つ。一つの表現を用いて次の表現を起こす表現形式で、「主文に先立つ気分象徴」（松本雅明『興の研究』『詩経諸篇の成立に関する研究』東洋文庫、一九五八年一月）とも言われる。

（三）叔人……氏叔――国家文物局古文献研究室は「其」を挟んで三字と五字の欠字とするが、池田知久氏（前掲書、二二六頁）に従って補った。

（四）五――国家文物局・龐朴氏ともに帛書の仁・義・智・礼・聖を指すという。池田知久氏は一つに調和・統一されていないバラバラな「五行」、まだ心と一体になっておらず心によって対象化されている「五行」を捨て去ることとする（前掲書、二二七頁）が、妥当である。説十九注（七）参照。

（五）慎亓蜀者――図版では「慎〻亓〻蜀也者」に作る。この重文記号は国家文物局古文献研究室（前掲書二六頁、注五十）や池田知久氏（前掲書二二四頁）に従い、「慎亓蜀也。慎亓蜀者」を著わしたものと見る。

（六）一――国家文物局古文献研究室は一字の欠字として残すが、池田知久氏（前掲書、二二六頁）によって補った。

（七）海――魏啓鵬氏は『荀子』王制篇の「北海則有走馬吠犬焉」の楊倞注に「海、謂荒晦絶遠之地」とあることにより、「海」を遠く離れ荒れ果てた地の意に解す（前掲書、三二頁）。これに従っておく。島森哲男氏は「海」は文字通り「海」で、それは『易林』恆之坤の「燕雀衰老、悲鳴入海、憂在不飾、差池其羽、頡頏上下、寡位独処」と同様である。『易林』の場合は斉詩説を伝えるものであるから、帛書の詩も斉詩であって、このことは「帛書五行篇」の著者が斉の地に居た学者であることを思わせるという（「馬王堆出土儒家古佚書考」『東方学』第五六輯、一九七八年三月）。島森氏が帛書の詩を斉詩と認めるのにはそれなりの妥当性があるが、海を文字通りに解釈するのは無理であろう。

（八）化――「死ぬ」ことの意。『荘子』大宗師篇の「方将化、悪知不化哉。方不将化、悪知已化哉」と。池田知久氏が指摘するように、戦国末の道家が好んで用いる表現である（前掲書、五九頁・二二九頁）。

（九）嗺経――衰経のこと。皆布（さよみ）の服装。父母が亡くなって三年の喪に服する時に着用する。衰は胸の前に、経は腰に着ける麻のこと。

【口語訳】

「きじばとが桑の木の上で羽を休めている」とは、直接に（見たままを）表現したのである。その雛が七羽、というのは、きじばとの雛は二羽にすぎない。七羽といったのは興の言葉である。

「善人君子も（きじばとと同様）その心の持ち方は一つである」とは、善人とは……である。心の持ち方とは義である。その行動を起こさせる義が心の全部を覆っている状態を言うのである。

「（一切の雑念が取り除かれ）一つの（完結された心の）状態になって始めて君子となることができる」とは、（一切の雑念が取り除かれ）一つの（完結された心の）状態になることができるというのは、多く（の心情）を一つの（完結された）状態にすることができることをいう。多く（の心情）を一つの（完結された心の）状態にするとは、かの（仁・智・義・礼・聖の）五つを一つに（調和）することである。

「君子はその一人の境地を慎み大切にする」とは、その一人の境地を慎み大切にするというのは、(あの一つに調和される以前の過不足のあるバラバラな状態の)五行(仁・智・義・礼・聖のいずれかのみにかかずらう意識)を捨てて、その心を慎み大切にすることである。これを……という。そうして始めて一つに(調和)することができるのである。一つに(調和)することは、あの五つ(仁・智・義・礼・聖)を一つの心に(調和)することである。そうして始めて徳は一つに(調和)され(て完結す)るのである。(ほかでもない)これこそが徳(と呼ぶべき状態)である。徳とは天(そのもの)であり、天は(ほかでもない)徳(を生み出す源泉)である。

「(つばくらめ)飛び回り(悲しみに)羽をばたつかせる」とは、つばくらめというのは興(の修辞法)である。荒れた幽冥の地に帰って行く一羽のつばめがその地で死にゆこうとするとき、(それを見送る別のつばめは、悲しみで)自分の羽を左右バラバラにばたつかせることを気にかけるゆとりもない、ということを言うのである。

「『この子が帰ってゆくのを遠く野に送り、見送って影が見えなくなると、雨のごと涙湧く』というが、(このなりふりかまわず心のままに)羽をばたつかせる行爲があって始めて哀しみを表すことになる」とは、(哀しみを表面に)表すことを言うのである。羽をばたつかせるとは(喪に例えて言えば、意識がその折りの)衰絰(の儀礼)には存しないことを言うのである。(意識が)衰絰(という形式的な儀礼)に存しないことによって始めて哀しみを表すことになるのである。そもそも喪(に服する行爲)は(喪服の)襟を正すことや麻帯をつける(といった形式的な)行爲によって哀しみを薄らぐものである。内面に発現したもの(=感情)が外面的な行爲の中に(そのままに)備わるのではない、ことをいう。これを独りの境地(何者にも捕らわれないむき出しの心)、というのである。独りの境地とは身体(にまつわる外面的な意識)を捨て去ることである。

説八

君子之爲善也、有與始、有與終、言與亓體始、與亓體終也。

君子之爲徳也、有與始、无〔與終、有與始者、言〕與亓體始。无與終者、言舍亓體而獨亓心也。(一)

君子の善を爲すや、與《とも》に始まる有りて、與に終わる有りとは、亓《そ》の體（體）と與に始まり、亓の體（體）と與に終わるを言うなり。

君子の徳を爲すや、與に始まる有れども、與に終わる无しとは、與に始まる有りとは、亓の體（體）と始まるを〔言う〕。與に終わる无しとは、亓の體（體）を舍てて亓の心を獨りにするを言うなり。(一)

【注釈】

(一) 龐朴氏は、善は仁・義・礼・智の四徳が「内に形われ」人道とみなされたこと（経一）から身体に始まり身体に終わることになる、それに対し、徳は仁・智・義・礼・聖の五徳が調和して「内に形われ」天道とみなされた（経一）ことから、身体と共同して始まっても身体と共同して終わることはない（前掲書、三四頁）、という。

【口語訳】

「君子が（人道である）善を実現しようとする場合、共同して始まるものがあり、共同して終わるものがある」とは、その（意志を実践する）身体と共同して始めるのであり、身体と共同して終えることを言うのである。

「君子が（天道である）徳を実現しようとする場合、共同して始めるものはあるが共同して終えるものはない」とは、共同して始めるものがあるというのは、その（意志を実践する）身体と共同して始めることを言うのである。共同して終えるものがないというのは、自己の身体（に関する意識）を捨ててその心を（何物の意識にも捉われない）独りの境地に置くことを言うのである。

説九

金聲〔善也、金聲者〕[一]□□繇徳重。[二]善也者、有事焉者、可以剛柔多鈶爲。[三]故〔曰〕[四]善。

〔玉辰聖也、玉辰〕[五]也者、忌有弗爲而美者也。

雖有徳者然笱能金聲而玉辰之、金聲而玉辰之者、動□而〔笱能〕井善於外。有徳者之〔至〕[六]。


金聲は善なりとは、金聲とは……徳《う》（得）るに繇《よ》（由）りて重し。善なる者は、焉に事とする有る者は、剛柔を以て多く鈶爲す可し。故に曰く、善と。

玉辰は聖なりとは、玉辰とは、忌《おのれ》（己）爲さずして美なる者有るなり。

雖《た》（唯）だ徳有る者にして然る笱《のち》（后）に能く金聲して玉之を辰（振）すとは、金聲して玉之を辰（振）すとは、動いて……而る笱（后）能く善を外に井《あら》（形）わす。有徳者の至りなり。


【注釈】

（一）善也、金聲者——国家文物局古文献研究室は下の二字の欠字分と合わせて七字の欠字として残すが、この五字分は池田知久氏によって補った（前掲書、二四六頁）。

（二）繇徳重——欠落によって意味不明。「繇徳重」の「徳」を文字通り「徳」の意に解すればそれは「聖」の領域のことで、ここが「善」の段階を述べるのと一致しない。今は一応「得」と解するが、それでも意味は不明である。

（三）鈶爲——国家文物局古文献研究室は「鈶」を「合」と読み、「融洽」の意に解する（前掲書、二六頁注四一）。魏啓鵬氏もほぼ同解で「合」を「協」と読み、『左氏伝』昭公二十年の晏子が「和五声」を論じた箇所に「剛柔相済す」の説の見えることを指摘し、「帛書五行篇」は「徳有る者は金声・玉辰す」というから、「剛柔協合」のことに触れたのである（前掲書、三三頁）、という。

（四）曰——国家文物局古文献研究室は一字の欠字のまま残すが、池田知久氏によって補った（前掲書、二四七頁）。

（五）玉辰聖也、玉辰——国家文物局古文献研究室は六字の欠字としてそのまま残すが、池田知久氏によって補った（前掲書、二四七頁）。

（六）至——国家文物局古文献研究室は一字の欠字のまま残すが、池田知久氏によって補った（前掲書、二四八頁）。

【口語訳】

「（鐘などの）金製の楽器を鳴ら（して演奏を起こ）すのは善である」とは、金製の楽器を鳴ら（して演奏を起こ）すとは……、（その音色は）獲得したものによって重くなる。善であるとは、（徳の獲得に）意識を固めた者は剛（物）や柔（物）など（相反する性質の物）を合わせ（溶かし）て一つに調えることができるから、それ故に善であることをいう。

「（磬などの）玉製の楽器を鳴ら（して演奏を終了）す（る）のは聖のことである」とは、玉製の楽器を鳴ら（して演奏を終了）す（る）というのは、自分からそうしようとしたわけでもないのに美わしいものが備わるということである。

「ただ徳を備えた者にして始めて（鐘などの）金製の楽器を鳴らして演奏を始め、（磬などの）玉製の楽器を鳴らして演奏を納める（ことができる）」とは、動…であって始めて善（の意識）を外に（行動として）現すことになる。徳を備えた者の至りである。

說十

不變(一)不說、變也者勉也。仁氣(二)也。變而笱能說。

不說不慼(三)、說而笱能慼所慼。

不慼不親、慼而笱能親之。

不親不㤅、親而笱能㤅之。

不㤅不仁、㤅而笱仁〔也〕(四)。

變者而笱能說仁、慼仁、親仁、㤅仁。以於親慼(五)亦可。


變《した》はざれば說《よろこ》（悦）ばずとは、變うとは勉《つと》（勉）むるなり。仁の氣なり。變いて而る笱《のち》（后）に能く說（悦）ぶ。

說（悦）ばざれば慼《した》しまずとは、說（悦）びて而る笱（后）に能く慼しむ所に慼しむなり。

慼しまざれば親しまずとは、慼しみて而る笱（后）に能く之に親むなり。

親しまざれば㤅（愛）せずとは、親しみて而る笱（后）に能く之を㤅（愛）す。

㤅（愛）せざれば仁ならずとは、㤅（愛）して而る笱（后）に仁なり。

變う者にして而る笱（后）に能く仁を說（悦）び、仁に慼しみ、仁に親しみ、仁を㤅（愛）す。以て親慼に於いてするも亦可なり。

【注釈】

（一）變――経十、注（二）参照。

（二）仁氣――本書でも他に二回見える（説十八・説十九）。同様に「礼の気」が三回（説十二・説十八・説十九）、「義の気」が三回（説十一・説十八・説十九）見えるが、こうした思惟は「帛書五行篇」が宇宙論的な認識で仁義礼智の各徳を把握するというのではなく、「帛書五行篇」と極めて近い思想内容を有する『孟子』の「夫志、気之帥也。気、体之充也。夫志至焉、気次焉」（公孫丑上篇）を継承しこれを応用する、とみるべきである。なお、「帛書五行篇」には「聖の気」は見えないが、「帛書五行篇」と思想的に内容が近い後篇の「徳聖篇」には「四行刑、聖気作」のように見えている。

（三）慼――龐朴氏が「戚」に解し、『詩』大雅行葦篇の「戚戚兄弟」の鄭注「戚、内相親也」・孔疏「親其所親、起于内心。故言内相親也」を引いてその意味を説明する（前掲書、三六頁）のが妥当であろう。兄弟（肉親）間の親愛の情を指そうが、後の「親」と区別して「睦まじさ」と解釈しておく。経十三注（三）参照。

（四）也――国家文物局古文献研究室は一字の欠字として残すが、池田知久氏に従ってを補った（前掲書、二五七頁）。

（五）親慼――この場合に限り魏啓鵬氏に従って「親戚」と読み、「内外親属」すなわち家族から親族にいたる関係を指すものとみる（前掲書、三四頁）。

【口語訳】

「慕う思いがなければ悦びが湧くこと（までに）は（至ら）ない」とは、慕う思いというのは（慕う意識を一層強く）つのらせることである。仁の気である。慕う思いがあって初めて悦ぶことができるのである。

「悦びが湧かなければ睦まじくすること（までに）は（至ら）ない」とは、悦んで初めて睦まじくすべき人に睦まじくすることができるということである。

「睦まじくすることがなければ親しみ（肉親愛）を抱くこと（までに）は（至ら）ない」とは、睦まじくすることができて初めて親しみの気持ちを抱くことができるということである。

「親しみの気持ちを抱くことがなければ愛すること（までに）は（至ら）ない」とは、親しみの気持ちを抱くことがあって初めて愛することができるということである。

「愛することがなければ、仁の徳を発現すること（までに）は（至ら）ない」とは、愛することがあって初めて仁の徳が発現するということである。

慕う思いを有する者にして初めて仁を悦ぶことができ、仁と睦まじくすることができ、仁に親しみ、仁を愛することができるのである。（この関係は家族だけではなく）親族においてもまたそうなり得るものである。

説十一

不直不泄、(一)直也者、直亓中心也。義氣也。直而笱能泄義。(二)泄者終之者也。(三)弗受於眾人、受之孟賁、(四)未泄也。

不泄不果也、果也者言亓弗畏也。无介於心、(五)〔果〕(六)也。

不〔果不〕間也、(七)間者不以小害大、不以輕害重。

不間不行也、行者言亓所行之□□□。

〔不行不義、行而笱〕(八)義也。


直ならざれば泄ならずとは、直とは亓《そ》の中心を直にするなり。義の氣なり。直にして而る笱《のち》（后）に能く泄義《なり》〈也〉。泄とは之を終うる者なり。眾（衆）人に受けずして、之を孟賁に受くるは、未だ泄ならざるなり。

泄ならざれば果ならずとは、果とは亓の畏れざるを言うなり。心に介する无きは、果なり。

果ならざれば間（簡）ならずとは、間（簡）とは小を以て大を害せず、輕きを以て重きを害せざるなり。

間（簡）ならざれば行わずとは、行うとは亓の行う所の……を言う。

行われざれば義ならずとは、行いて而る笱（后）に義なり。


【注釈】
（一）泄——「経」十一、注（一）参照。
（二）義——「也」の誤り。

（三）迣義迣……之者也——魏啓鵬氏のいうように「終」は「成」の意（前掲書、三五頁）。「義迣者終之者」の「義」は、龐朴氏のいうように「也」の誤り（前掲書、三七頁）。魏啓鵬氏は「義」をそのまま残しこの句を「その心を正しくするのは義にかかわることで、義となれば、完成さすことができ、完全にすることができる」に解する（前掲書、三七頁）。「終之」の「之」が指すのは確かに義であるが、今は採らない。

（四）孟賁——孫奭の『孟子注疏』所引の『帝王世紀』に生きた牛の角を抜き取るほどの力持ちとして見え（龐朴氏、前掲書、三八頁挙例）、他の春秋戦国時代の諸文献にも大力を有する蛮勇の持ち主として描かれるに過ぎないが、「帛書五行篇」の孟賁は、池田知久氏がいうように、『呂氏春秋』用衆篇の「以衆勇無畏乎孟賁矣」に近い（前掲書、二六八頁）。

（五）介——「くぎる」「へだてる」の意。本文の意味は意識がそのまま行動に現れてくる中間にあってそれをへだてさまたげることで、「ためらい」の意識に相当する。

（六）果——国家文物局古文献研究室は一字の欠字として残すが、池田知久氏によって補った（前掲書、二六九頁）。

（七）間——「簡」の仮借字。経十一、注（三）参照。

（八）不行不義、行而笱——国家文物局古文献研究室は上の三字分の欠字と合わせて十字の欠字として残すが、下の七字分は池田知久氏によって補った（前掲書、二七一頁）。

【口語訳】

「（心の有り様を）正直にしないのであれば心がのびやかになることはない」とは、その心からなる思いを正直にするということである。義の気である。（心からなる思いが）正直であって始めて心がのびやかになることができる。心がのびやかになるとは、これ（義）を完成させることである。大勢の人々（からの要求）には拒否して孟賁（のような輩からの力づくの要求）には受諾するのは、まだ心がのびやかな状態ではない。

「（心が）のびやかでなければ果敢になることはない」とは、果敢になるというのは、その（物おじして）畏れるということのないことを言う。心にためらいの意識がないのは、果敢であるということである。

「果敢になることがなければ正確に（善悪を）判断することはない」とは、正確に（善悪を）判断するというのは、小さな問題で大きな問題（の解決）を妨げることはなく、軽微な問題で重大な問題（の解決）を妨げることはない、ということである。

「正確に（善悪を）判断することがなければ行動のとりようがない」とは、行動のとりようというのは、その行おうとするのが……であることをいう。

「行動のとりようがなければ義（の徳を発現させること）はない」とは、行動することがあって初めて義（の徳）が発現するということである。

説十二

不袁不敬、袁心也者、禮氣也。質近者(一)〔則〕(二)弗能〔敬。袁者則能〕(三)敬之。袁者、動敬心、作敬心者也。左靡(四)而右飯之、未得敬〔心者也〕(五)。

不敬不嚴、嚴𢋈(六)。𢋈、敬之責者也。

不嚴不尊、嚴而笱忌尊。

不尊不共也、共者、〔用上〕(七)敬下也。

〔不共不禮、〕(八)共而笱禮也。有以體〈禮〉氣(九)也。

袁（遠）ならざれば敬せられずとは、袁（遠）なる心とは、禮の氣なり。質近づく者は則ち敬する能わず。袁（遠）き者は則ち能く之を敬す。袁（遠）き者は、敬心を動かし、敬心を作《おこ》す者なり。左靡《さしまね》きて右に之を飯うは、未だ敬心を得ざる者なり。

敬せられざれば嚴あらずとは、嚴とは猶ほ𢋈のごときなり。𢋈は、敬の責《つ》みたる者なり。

嚴あらざれば尊ばれずとは、嚴ありて而る笱《のち》（后）に忌《おのれ》（己）尊ばるるなり。

尊ばれざれば共（恭）しからずとは、共（恭）しきとは上を用て下を敬うなり。

共（恭）しからざれば禮ならずとは、共しくして而る笱（后）に禮なり。體《れい》〈禮〉の氣を以てすること有ればなり。

【注釈】

（一）質――『礼記』聘義篇「君子於其所尊弗敢質。敬之至也」の鄭注に「質、謂正自相当」（魏啓鵬氏、前掲書、三七～八頁挙例）というように、直接相手に言い、問いただすことである。

（二）則――国家文物局古文献研究室は一字の欠字として残すが、池田知久氏によって補った（前掲書、二八二頁）。

（三）敬袁者則能――国家文物局古文献研究室は四字の欠字として残すが、池田知久氏によって補った（前掲書、二八二頁）。

（四）靡――国家文物局古文献研究室は「靡」に作り「鸛」の異体字でその意は「歓」、すなわち『礼記』曲礼上篇「君子不尽人之歓」の鄭注にいう「謂飲食」であるとする（前掲書、二六頁注四四）が取らない。写真版による限り「靡」であり、その意味は龐朴（前掲書、三九頁）・魏啓鵬（前掲書、三八頁）両氏のいうように「麾（さしまねく）」である。左手で他人を差し招いておきながら右手で食事を取る、というのがその意。

（五）心者也――国家文物局古文献研究室は三字の欠字として残すが、池田知久氏によって補った（前掲書、二八三頁）。

（六）厳――龐朴氏は『説文』には厳の字がなく、別に厰の字があって「厰、崟也」と言われることから崟字に読み替え、崟は高貌であるから「敬之積」と言う、と説く（前掲書、三九頁）。これに従う。魏啓鵬氏は「厳」を「敢」と読み、「必行也」と解する（前掲書、三八頁）が龐朴説に及ばない。

（七）用上――国家文物局古文献研究室は二字の欠字として残すが、池田知久氏によって補った（前掲書、二八四頁）。

（八）不共不禮――池田知久氏のいうように帛書は経文を一句づつ引いてそれを解説する形式をとっているのであるから、この四字は本来あったはずである（前掲書、二八五頁）。

（九）膿氣――膿は魏啓鵬氏のいうように「禮」に作るべきである（前掲書、三八頁）。誤写であろう。

【口語訳】

「遠慮の気持ちがなければ敬われることはない」とは、遠慮の気持ちというのは礼の気である。（無礼にも）直接に問いただそうと近づいてくる者に対しては敬いの気持ちを抱くことはできない。（けれども）遠慮がちに（対応）する者に対しては敬いの気持ちを持つことができる（ものである）。遠慮（がちに対応）する者は、（他）人の敬いの心を動かし敬いの気持ちを起こさせる者である。（他人を）左手で呼び寄せておきながら右手で食事を採り続けるというのは、まだ（人に）敬われることができない者である。

「敬われなければ威厳が備わることはない」とは、威厳があるというのは高く聳える様である。高く聳える様は（他人から受ける）敬いの積み重ねにほかならない。

「威厳が備わらなければ尊ばれることもない」とは、威厳が備わって初めて自分が尊ばれるようになることである。

「尊ばれなければ（他人に対して）恭しく（対応）できない」とは、恭しいというのは目上の者が（自分こそが敬まわれるべきでありながら）目下の者を敬うということである。

「恭しく（対応）できなければ礼（の徳を発現すること）はない」とは、恭しくして初めて礼（の徳が発現するの）である。礼の気の働きがあればこそである。

説十三

不嘍不明、嘍也者、聖之臧於耳者也。〔明也〕者、知之臧於目者〔也〕。嘍、聖之始也。明、知之始也。故曰、不嘍明則不聖知。聖知必繇嘍明。聖始天、知始人。聖爲禀、(一)知爲廣。

不知不仁、不知所㤅則何㤅。言仁之乗知(二)而行之。

不仁不安、仁而能安、天道也。

不安不樂、安也者、言與亓𦢊偕安也者也。安而笱能樂。

不樂无悳、樂也者、流𦢊、(三)機然(四)忘寒。(五)忘寒、悳之至也。樂而笱有悳。

嘍（聰）ならず明ならずとは、嘍（聰）とは、聖の耳に臧（藏）する者なり。明とは、知（智）の目に臧（藏）する者なり。嘍（聰）は、聖の始めなり。明は、知（智）の始めなり。故に曰く、嘍（聰）明ならざれば則ち聖知（智）ならずと。聖知（智）は必ず嘍（聰）明に繇《よ》（由）る。聖は天に始まり、知（智）は人に始まる。聖を禀《たか》（崇）しと爲し、知（智）を廣しと爲す。

知（智）ならざれば仁ならずとは、㤅《あい》（愛）する所を知らざれば則ち何をか㤅（愛）せん。仁の知に乗じて之を行うを言う。

仁ならざれば安からずとは、仁にして能く安んずるは、天道なり。

安からざれば樂しまずとは、安んずるとは、亓の𦢊（體）と偕《とも》に安き者を言うなり。安んじて而る笱《のち》（后）に能く樂しむ。

樂しまざれば悳无しとは、樂しむとは𦢊（體）に流れ、機然として寒《ふさ》がるを忘るるなり。寒がるを忘るるは、悳の至りなり。樂しみて而る笱（后）に悳（德）有り。

【注釈】

（一）禀──国家文物局古文献研究室に従って「崇」字と同意とみておく（前掲書二六頁、注四五）。

（二）乗知──龐朴氏は「乗」とは「因」のこととして『説苑』建本篇の「子思曰、故魚乗于水、鳥乗于風、草木乗于時」を引く（前掲書、四〇頁）が、「乗」は「つけいる」ほどの意味で、ここでは仁の徳が智の徳の発現に「つけいって」それを契機として、の意に解す。

（三）流體──国家文物局古文献研究室は「流於四体」と解し、『孟子』尽心上篇の「君子所性、仁義礼智根於心、其生色也、睟然見於面、盎於背、施於四体、四体不言而喩」の文意と近いとする（前掲書、二六頁注四六）。参照すべきであろう。魏啓鵬氏はこの際の「樂しむ」を音楽の意に解する（前掲書、三九頁）が、採らない。

（四）機然──帛書整理小組は「機然読爲欣然」という。

（五）忘寒──龐朴氏は「寒疑当作塞」といい、楽しみの作用は和にあるから体に流れて塞がりをなくすことができる、と説明する（前掲書、四一頁）。これに従う。

【口語訳】

「耳が聡くなく、目が明らかでなければ」とは、耳が聡いというのは聖（の性質）が耳におさめられていることである。目が明らかであるというのは、智（の性質）が目におさめられていることである。「耳が聡い」というのは聖（が徳として備わること）の始まりであり、目が明らかであるというのは智（が徳として備わること）の始まりである。だから耳が聡くなく、目が明らかでなければ、聖（の徳）、智（の徳が発現してくること）はない、というのである。聖（の徳）・智（の徳）は必ず耳が聡く目が明らかであることによる。聖（の徳）は天に始まり、智（の徳）は人に始まる。聖（の徳）は崇高（で天道の高みに至るの）であり、智（の徳）は広大（で人の世界を蔽いつくすの）である。

「智（の性質）が（発現するので）なければ仁（の性質）も（発現することは）ない」とは、愛すべきものが何であるかを知らないのであれば、何を愛することができよう。仁（の性質）は智（の性質）の発現を待って、それを契機として実践されることをいうのである。

「仁（の性質）が（発現するので）なければ安らかな心境にならない」とは、仁（の性質）が発現して安らかになることができれば、それは天道（にかなった境地）にほかならない（ということである）。

「安らかな心境になることがなければ楽しみの境地に至ることもない」とは、安らかな心境になるとは、己が身体とともに安らかにな（ったと感ず）ることを言うのである。安らかな心境になって初めて楽しみの境地に至ることができる（のである）。

「楽しみの境地に至ることがなければ（それらが）徳（として）は備わることはない」とは、楽しみの境地に至るというのは、（楽しみの感情が）体中を駆け巡り、よろこびに溢れて逼塞した思いを忘れさせることである。逼塞した思いを忘れさせるのは徳の至りである。楽しみの境地に至って初めて（仁・聖・智の性質が）徳（として備わること）となるのである。

説十四

〔顔色容貌温〕(一)變、變也者㝃㝃(二)也。孫孫(三)也。能行變者也。能行變者、〔亓中〕(四)心說。心〔說〕(五)然笱顔色容貌温以說、變也。

以亓中心與人交、說也、彀彀(六)〔然不莊尤割人者〕(七)是〔乃〕(八)說巳。

〔中心說〕(九)人無說心也者、弗遷於兄弟也。

遷於兄弟、慼也、言遷亓〔說心〕(一〇)於兄弟而能相慼也。兄弟不相耐者、非无所用說心也。弗遷於兄弟也。

慼而信之、親也、言信亓〔慼〕(一一)也。撾而四體、(一二)予女天下、弗爲也。撾如兄弟、予女天下、弗惓也。是信之巳。

信亓〔慼〕(一二)而笱能相親也。

親而築之、㤅也、(一三)築之者厚。厚親而笱能相㤅也。

㤅父、亓殺㤅人、(一四)仁也、言㤅父而笱及人也。㤅父而殺亓鄰〔之〕(一五)子、未可胃仁也。(一六)

顔色容貌の温やかなるは變《した》うなりとは、變うとは㝃（勉）㝃（勉）なり。孫（遜）孫（遜）なり。能く變うを行う者なり。能く變うを行う者は、亓《そ》の中心説（悦）ぶ。心説《よろこ》（悦）びて然る笱《のち》（后）に顔色容貌温《おだ》やかにして以て説（悦）ぶは、變えばなり。

亓の中心を以て人と交わるは、説（悦）ぶなりとは、彀彀然として尤《うら》みを莊《ぞう》して人を割《そこな》（害）わざる者は、是れ乃ち説（悦）ぶのみ。

中心説（悦）ぶとは人の説（悦）ぶの心無き者は、兄弟に遷さざるなり。

兄弟に遷すは、慼《した》しむなりとは、亓の說（悅）ぶ心を兄弟に遷して能く相慼しむを言うなり。兄弟相耐《よ》（能）くせざる者は、說（悅）ぶ心を用いる所旡きに非ざるなり。兄弟に遷さざればなり。

慼しみて之を信にするは、親しむなりとは、亓の慼しみを信にするを言うなり。而《なんぢ》（爾）の四體（體）を搹《さ》（剮）かば、女（汝）に天下を予えんも、爲さざるなり。如《なんぢ》（汝）の兄弟を搹（剮）かば、女《なんぢ》（汝）に天下を予えんも、悉《まよ》わざるなり。是れ之を信にするのみ。亓の慼しみを信にして而る笱（后）に能く相親しむなり。

親しみて之を築《あつ》（篤）くするは、㤅（愛）なりとは、之を築（篤）くすとは、厚くするなり。親しみを厚くして而る笱《のち》（后）に能く相㤅（愛）するなり。

父を㤅（愛）し、亓れ殺《そ》いで人を㤅（愛）するは、仁なりとは、父を㤅（愛）して而る笱（后）に人に及ぼすを言うなり。父を㤅（愛）して亓の鄰の子に殺ぐは、未だ仁と胃（謂）う可からざるなり。

【注釈】

（一）顔色容貌温——国家文物局古文献研究室は六字の欠字として残すが、池田知久氏によってこの五字を補った（前掲書、三一三頁）。

（二）窇窇——魏啓鵬氏は「窇窇」は「勉勉」と同じでまた「亹亹」に通じ、その意味は『礼記』楽記篇の「君子達亹亹」の孔疏に「勉勉、勧楽之貌」というように、つとめ楽しむ様である、という（前掲書、四〇頁）。

（三）孫孫——国家文物局古文献研究室・魏啓鵬氏・池田知久氏ともに「孫」を「遜」に読む。魏啓鵬氏は遜遜が更に「恂恂」とも通じ、『論語』郷党篇の「恂恂如」の用法とも同じく、その意味は龍晦氏のいうように「温恭之貌」である、という（前掲書、四〇頁）。

（四）亓中——国家文物局古文献研究室は二字の欠字として残すが、池田知久氏によって補った（前掲書、三一三頁）。

（五）說——国家文物局古文献研究室は一字の欠字として残すが、池田知久氏によって補った（前掲書、三一三頁）。

（六）彀彀——池田知久氏は「彀」は「慤」の仮借字であろうとし、『広雅』釈訓の「慤慤、誠也」により「誠」の意に解する（前掲書、三一三頁）。これに従う。

（七）然不莊尤割人者——国家文物局古文献研究室は七字の欠字として残すが、池田知久氏によって補った（前掲書、三一三～四頁）。

（八）乃――国家文物局古文献研究室は一字の欠字として残すが、池田知久氏によって補った（前掲書、三一四頁）。
（九）中心説――この部分には欠字が存すが、池田知久氏がいうように本文に相当する句があるべきである。今、池田氏によってこの三字を補う。（池田氏、前掲書、三一四頁）
（一〇）説心――国家文物局古文献研究室は二字の欠字として残すが、池田知久氏によって補った（前掲書、三一四頁）。
（一一）慼――国家文物局古文献研究室は一字の欠字として残すが、池田知久氏によって補った（前掲書、三一五頁）。
（一二）捣而――帛書整理小組は「捣読為剮、分也」という。人体を切り裂くこと。「而」は「爾」の仮借字で「なんぢ」の意。
（一三）親而築之迸也――「築」は「篤」の仮借字。『爾雅』釈詁に「篤、厚也」と。『論語』泰伯篇の「君子篤于親、則民興于仁」の皇侃の疏に「篤、厚也」と（魏啓鵬氏、前掲書、四二頁挙例）。
（一四）殺――「減殺」の意。減らして前者と後者の間に差をつけること。
（一五）之――国家文物局古文献研究室は一字の欠字として残すが、池田知久氏によって補った（前掲書、三一六頁）。
（一六）胃仁――魏啓鵬氏は「父を愛する愛し方を他人に及ぼす時にはそれを減殺してもその対象はやはり父と同年齢の者でなければならず、それを隣家の子に及ぼすことは許されない。だから仁とは言えない」の意に解する（前掲書、四二頁）。これに従う。

【口語訳】

「顔色や容貌が穏やかであるのは慕う思い（のあらわれ）である」とは、慕う思いというのはつとめ楽しむ意識である。穏やかで慎みぶかい意識である。慕い思うことができる者（のこと）である。慕い思うことができる者は、心から悦ぶのである。心が悦んで初めて顔色も容貌も穏やかになって悦びに包まれることになるのは、慕い思うからである。

「（その）心からなる思いで人と交際す（ると湧き起こ）るのが悦びである」とは、誠意のままに恨みを抱いて人を傷つけることがないこと、これが悦びにほかならない。

「心からなる悦びを持ち続ける」とは、人として悦びの気持ちを持ち合わせない者は、その（悦びを）兄弟に移し及ぼすことはないのである。

「（その気持ちを）兄弟（の関係）にまで移す（と湧き起こる）のが睦まじい思いである」とは、その悦びの気持ちを兄弟に移し及ぼして互いに睦まじくすることである。兄弟が互いに睦まじくできないのは悦びの心を用いていない、というのではない。（その悦びを）兄弟に移さないまでである。

「（兄弟間に湧く）睦まじい思いを確かなものにする（と湧き起こる）のが（肉親間に通い合う）親しみの気持ちである」とは、その睦まじい思いを確かなものにすることを言うのである。お前の体を切り裂いたならお前に天下をやろう、といわれても、（そう）することはない。（同様に）お前の兄弟の体を切り裂いたならお前に天下を与えよう、と言われても、迷うことも（なく、そうすることは）ない。これが兄弟の睦まじさを確かなものにするということである。その（兄弟間に湧く）睦まじい思いを確かなものにして初めて（家族間で）親しみの気持ちを持つことになるのである。

「（家族間での）親しみの気持ちを持ち続けさらにその気持ちを増幅させ厚みを加え（ると湧き起こ）るのが（肉親）愛である」とは、その気持ちを増幅させ厚みを加えるというのは（その気持ちを）厚くすることである。（家族間の）親しみの気持ちを増幅させ厚みを加えて初めて（肉親）愛を実践することができるのである。

「（まず自己の）父（母）を愛し継《つ》いでその愛する程度を減らして（他の）人（々）も愛する（ようになる）のは、仁（の意識の発現）である」とは、父を愛することから初めてそれを（他）人へと及ぼすことを言うのである。父を愛した愛し方を減殺《へら》しながら隣家の子を愛するのは（いかに愛する程度を減らして他の人に及ぼしたとはいえ、父を愛した尊敬の愛し方を子供に向ける慈しみの愛し方にそのまま用いることだから）仁（の意識の発現）とはいえない。

説十五

中心辨焉而正行之、直也、有天下美歓食於此。許眩（一）而予之、中心弗悉也。悪許眩而不受許眩、正行之、直也。直而遂之、泄也、泄者、遂直者也。直者也、□貴□□□□□□□□□泄也。

泄〔而〕（二）弗〔畏〕强禦、果也、强禦者、勇力者。胃□□□□□□□□之以□□□无介於心、果也。

不以小道害大道、間（三）也、間也者、不以小〔悪害大〕悪、不以小義害大義也。見亓生也、不食亓死也。（四）紮親執株、（五）間也。

有大〔罪而〕大誅之、行也、无罪而殺人、有死弗爲之矣。然而大誅之者、知所以誅人之道而〔行〕（六）焉。故胃之行。貴貴、〔亓〕等（七）尊賢、義也、貴貴者、貴眾貴也。賢賢、長長、親親、爵爵、譔貴者（八）无私焉。亓等尊賢、義也、尊賢者、言等賢者也、言譔賢者也、言足（九）諸上位。此非以亓貴也、此亓義也。貴貴而不尊賢、未可胃義也。

中心辨《わか》ちて正しく之を行うは、直なりとは、此に天下の美歓（飲）食有り。許（吁）眩（嗟）して之を予うるも、中心悉《まよ》はざるなり。許（吁）眩（嗟）を悪みて許（吁）眩（嗟）を受けざるは、正しく之を行うは、直なり。直にして之を遂ぐるは、泄なりとは、泄とは直を遂ぐる者なり。直とは、……貴……………………泄なり。泄にして强禦を畏れざるは、果なりとは、强禦とは、勇力ある者なり。胃…………………之以………、心に介无きは、果なり。

小道を以て大道を害《そこな》わざるは、間（簡）なりとは、間（簡）とは、小悪（愛）を以て大悪（愛）を害せず、小義を以て大義を害せざるなり。亓の生くるを見るや、亓の死するを食わざるなり。紮《しか》（然）れども親ら株を執るは、間（簡）なり。

大罪有りて大いに之を誅するは、行なりとは、罪无くして人を殺すは、死有るも之を爲さず。然り而して大いに之を誅する者は、人を誅する所以の道を知りて焉を行う。故に之を行いと胃《い》（謂）う。
貴を貴び、亓れ等《つ》いで賢を尊ぶは義なりとは、貴を貴ぶとは、眾（衆）貴を貴ぶなり。賢を賢とし、長を長とし、親を親とし、爵を爵とし、貴者を譔《えら》（選）ぶには私无し。亓れ等いで賢を尊ぶは義なりとは、賢を尊ぶとは、賢者を等にするを言うなり、賢者を譔（選）にするを言うなり、諸《これ》を上位に足《お》くを言うなり。此れ亓の貴を以てするに非ざるなり。此れ亓の義なり。貴を貴びて賢を尊ばざるは、未だ義と胃（謂）う可からざるなり。

【注釈】

（一）許貼——なげく貌。ここでは「嗟来の食」におなじく「さあ、ここに来て食え」とぞんざいに与えること（龐朴氏、前掲書、四四頁参照）。国家文物局古文献研究室がいうように『孟子』告子上篇の「一簞食、一豆羹、得之則生、弗得則死、呼爾而與之、行道之人弗受。蹴爾而與人、乞人不屑」と同意である。国家文物局古文献研究室はこの『孟子』の文を根拠にして「悉」は「屑」ではないかと疑う（前掲書、二六頁注四九）が、採らない。

（二）而——国家文物局古文献研究室は一字の欠字として残すが、池田知久氏によって補った（前掲書、三三〇頁）。

（三）間——「簡」の仮借字。経十一、注（三）参照。

（四）見亓生……亓死也——『孟子』梁恵王上篇の「君子之於禽獸也、見其生不忍見其死、聞其声不忍食其肉」を踏まえる（帛書整理小組挙例）。

（五）絫親執株——「絫」は池田知久氏に従って「然」と解す（前掲書、三二五頁）。「執株（誅）」は誅殺の刑を執行すること。

（六）行——国家文物局古文献研究室は一字の欠字として残すが、池田知久氏によって補った（前掲書、三三二頁）。

（七）亓等——国家文物局古文献研究室は「等」は「差」であるといい、等級の差別を分出することであると説明する（前掲書、二六頁注五四）。

（八）譔貴者——帛書整理小組は「譔」は「専ら敬う」ことだというが採らない。譔は魏啓鵬氏がいうように「選」と読むべきで「貴位につくべき人を選ぶ」の意（前掲書、四五頁）。

（九）言足――池田知久氏は「足」を「措」の仮借字とみ、『孟子』万章下篇の「堯之於舜也…後挙而加諸上位。故曰、王公之尊賢者也」に比定する（前掲書、三三二頁）。魏啓鵬氏は『漢書』五行志の「不待臣言復諂而足」の注に「足、益也」とあることから「足」を「益」の意に解し、「足上位」とは今日の「高位に抜擢する」ことだとする（前掲書、四五頁）。両説による。

【口語訳】

「心の中に分別をつけて正しく行うことが(正)直である」とは、今ここに国中で最高の御馳走がある。それを「さあ、食え」と（投げつけんばかりに）与えられても、心中迷うことは（なく、受けとら）ない。「さあ、食え」と（投げつけんばかりに）与える行爲を憎んで、そうしたやり方の申し出を拒否すること、これが正しく行うということが（正）直である、ということである。

「(正)直のままに事を遂行するのが心ののびやかさである」とは、心がのびやかであるというのは、（正）直な心をそのままに遂行させることである。（正）直であるというのは、……貴……………也。

「心がのびやかなままに強暴者を畏れずにはねつけるのが果（敢）である」とは、強暴者とは勇力のあるものである。……………之以………。心にためらいの意識がないのが、果敢ということである。

「小さな道義にかかずらって大きな道義を損なうことがないのが正確に（善悪を）判断することである」とは、正確に（善悪を）判断するというのは、かりそめの愛にかかずらって重大な愛を損なうことがない、小さな義（憤）にかかずらって大きな（正）義を損なうことがない、ということである。その（家畜の）生きていたときの様子を見ていたのであれば死んだ後に（その肉を）食う（に忍ぶ）ことはできない。そうであっても（いざ犯罪者を処断して正義を回復させるしかすべがないときに）自ら誅（伐）するのは、正確に（善悪を）判断する、ということである。

「大罪を犯した者があって（その者を）積極的に誅（伐）するのが行い（のある者）である」とは、無罪の者でありながらこれを殺すのは（たとえ自分が）死ぬはめになっても、なすことはない。そのようにして（大罪を犯した者に対し）誅（伐）を下す者は、誅（伐）の意味を心得て行う者である。だからこれを行い（のある者）というのである。

「貴位にある者を貴び、ついで賢者を貴ぶのが義（の性質）である」とは、貴位にある者を貴ぶというのは、衆くの貴位にある者を貴ぶことである。賢者を賢者として尊び、年長者を年長者として敬い、肉親は肉親として扱い、爵位を有する者には爵位を有する者として対処する。貴位に就くべき人を選ぶ際、私情を挟むことはない。ついで賢者を尊ぶのが義であるとは、賢者を尊ぶというのは、賢者をその能力によって区別してそれに応じた位を授けることを言い、賢者を（愚者から）選別することを言い、賢者を上位に抜擢することを言う。こうするのは貴位という身分に対する（扱いとしての）ものではない。こうするのは（その人が）義（の徳を備えていること）によるのである。貴位にある者を尊んで、賢者を尊ばないのは、まだ義ということができないのである。

説十六

以亓外心與人交、袁也、外心者非有它心也。同之心也、而有胃外心也、而有胃中心。中〔心〕者、謑然者。（一）外心者也、亓罡謕然（二）者也。言之心交袁者也。

袁而莊之、敬、敬也〔者〕□□□□□

〔敬而不解〕（三）嚴、嚴也者、敬之不解者。〔敬〕之責者也。是厭□□□□□□

〔嚴而威之尊也、既嚴〕（四）之、有從而畏忌之則夫間何繇至乎才。是必尊矣。

尊〔而不驕、恭〕也、言尊而不有□□。己（五）事君與師長者、弗胃共矣。故斯役人之道〔而笱〕（六）共焉。（七）共生於尊者。

〔恭而伯（八）交〕、禮也、伯者、辯也。言亓能柏、然笱禮也。

亓《そ》の外心を以て人と交わるは、袁（遠）なりとは、外心とは、它（他）の心有るに非ざるなり。之が心に同じくして、外心と胃（謂）う有るなり、中心と胃（謂）う有るなり。中心とは、謑然たる者なり。外心とは、亓の謕然を罡《ねが》（願）う者なり。之の心もて交わることの袁《とお》（遠）き者を言うなり。

袁（遠）にして之を莊にするは、敬せらるるなりとは、敬とは…………

敬せられて解《おこた》（懈）らざるは嚴なりとは、嚴とは、敬するの解（懈）らざる者なり。敬の責《つ》（積）みたる者なり。是れ厭…………

嚴にして之に威あるは尊ばるるなりとは、既に之に嚴にして、有《ま》（又）た從いて之を畏忌すれば則ち夫れ間にせらるること何に繇《よ》（由）りて至らんや。是れ必ず尊ばれん。

尊ばれて驕らざるは、恭なりとは、尊くして……有らざるを言うなり。己　君と師長とに事うる者は、共《うやうや》（恭）しと胃《い》（謂）わず。故に人を斯（厮）役するの道にして而る笱《のち》（后）共《うやうや》（恭）しきなり。共（恭）しきは尊き者に生ずるなり。

恭しくして伯《ひろ》く交わるは、禮なりとは、伯くとは辯《あまね》きなり。亓の能く柏（伯）くして、然る笱《のち》（后）に禮なるを言うなり。

【注釈】

（一）諛然——国家文物局古文献研究室は「諛」は「耎」の字と義が近く「怯懦」、「諛然」とは「局縮不伸之貌」といい（前掲書、二七頁注五五）、魏啓鵬氏も「諛読為耎」といいその意は「憂貌」であって、「帛書五行篇」が「无中心之憂則无中心之聖」というのと対応するという（前掲書、四六頁）。

（二）㗊謞然——魏啓鵬氏は「㗊読為顚（愿）」といい、「愿、思也」という（前掲書、四七頁）。国家文物局古文献研究室は「謞然、廓落在表之貌」とする（前掲書、二七頁注五七）。

（三）敬而不解——国家文物局古文献研究室は上の五字も含め都合九字の欠字として残すが、この四字は池田知久氏によって補った（前掲書、三四六頁）。

（四）嚴而威之尊也、既嚴——国家文物局古文献研究室は上の六字も含め都合一四字の欠字として残すが、この八字は池田知久氏によって補った（前掲書、三四六頁）。

（五）己事——魏啓鵬氏は「己事君與師」の「己」は「忌」に読むべきで「君と師長に事えることを忌避する」というふうに解する（前掲書、四七頁）が、採らない。

（六）而笱——国家文物局古文献研究室は二字の欠字として残すが、池田知久氏によって補った（前掲書三四七頁）。

（七）共焉——人前で目上の人に形式的に恭順を示すのが「恭」であるというのではなく、自分が尊ばれているという自覚があって、そこから生ずる存在感がまわりの人々を畏怖させて、自分にもゆとりを与え、それが自然と自分を恭しくさせる、というレベルで「恭」を捉えているのである。

（八）伯——国家文物局古文献研究室は柏・博とともに「泊」と読むべきで「澹泊」の意とする（前掲書、二七頁注五八）。それでいけば道家の恬澹（無為）の説の介在を認めざるを得ないが文脈上無理であろう。

【口語訳】

「対外的な意識によって人と交わるのは（人前では一二歩遠ざかる）遠慮の心である」とは、対外的な意識というのは、他の心が（別に）あるというのではない。同一の心でありながら、対外的な意識であるということもあり、内面的な意識であるということもある。内面的な意識は（徳を備えようとして）気に病むほどの思いをすることであり、対外的な意識とは（憂いが消えて）広大（な気持ち）になりたいと思うことである。この広大になりたいとの思いで交際する様子が遠慮がちであることを言うのである。

「（一二歩遠ざかる）遠慮の心があってこれを荘重にすると敬われることになる」とは、敬われるとは………。

「敬われて（しかも）懈ることがないと生ずるのが厳格の雰囲気である」とは、厳格というのは敬われていながら（なお）懈ることなく敬われ続け、（それが）積み重なって現れるものである。これが厭…………。

「厳格であって人々を威圧するようになると尊ばれるようになることである」とは、厳格になった後さらに（人々を）畏れさせると侮りが身に降りかかることなどありえない。必ずや尊ばれることになるということである。

「尊ばれながら傲慢にならないと生ずるのが恭しさである」とは、尊ばれても……がないことを言う。自分が君主や師長に仕える（ときに恭しい）のは（真の）恭しさではない。だから、（恭しさとは）人を（威圧して）畏れさせるようになって初めて恭しさ（が身に備わる）といえる。恭（しさ）は尊ばれるところから生まれるのである。

「恭しいままに博く交際すると生ずるのが礼（の意識）である」とは、博いというのは、あまねく（人と交際する）ということである。あまねく交際することができて、初めて礼（の意識が徳）として完成することをいうのである。

説十七

未嘗聞君子之道、〔謂之不〕嘍、同之聞也、獨不色然(一)於君子道。故胃之不嘍。

未嘗見賢人、胃之不明、同之見也、獨不色賢人。故胃之不明。

聞君子道而不知亓君子道也、胃人(二)胃之不聖、聞君子道而不色然、不知亓天之道也、胃之不聖。

見賢人而不知亓有悳也、〔謂〕之不知、見賢人而不色然、不知亓所以爲之。故胃之不知。

聞而知之、聖也(三)、聞之而〔遂〕知亓天之道也、聖也。

見而知之、知也、見之而遂知亓所以爲之〔者也〕(四)、知也。

明明、知〔貌、知〕(五)也者、縣所見知所不見也。

赤赤、聖貌也、□□言□□□□□□□

〔明〕明在下、赤赤在嘗、此之胃也。明者始在下、赤者始在嘗□□□、〔未可〕(六)胃聖知也。

未だ嘗て君子の道を聞かざる、之を嘍（聴）ならずと謂うとは、之が聞くを同じくするも、獨り君子の道に色然たらず。故に之を嘍（聴）ならずと胃《い》（謂）う。

未だ嘗て賢人を見ざる、之を明ならずと胃（謂）うとは、之が見るを同じくするも、獨り賢人に色たらず。故に之を明ならずと胃（謂）う。

君子の道を聞けども亓《そ》の君子の道を知らざるや、之を聖ならずと胃（謂）うとは、君子の道を聞けども色然たらずして、亓の天の道を知らざるや、之を聖ならずと胃（謂）う。

賢人を見て亓の悳（徳）有るを知らざるや、之を知（智）ならずと謂うとは、賢人を見て色然たらずして、亓の之を爲す所以を知らず。故に之を知らずと胃（謂）う。

聞きて之を知るは聖なりとは、之を聞きて遂に亓の天の道なるを知るや、聖なり。

見て之を知るは、知（智）なりとは、之を見て遂に亓の之を爲す所以の者を知るや、知なり。

明明は、知の貌とは、知とは、見る所に繇《よ》（由）りて見えざる所を知るなり。

赤（赫）赤（赫）は、聖の貌なりとは、……言……………。

明明下に在り、赤（赫）赤（赫）嘗（上）に在りとは、此の胃（謂）なり。明とは始まり下に在り、赤（赫）は始まり嘗（上）に在り…、未だ聖知（智）と胃（謂）う可からざるなり。

【注釈】

（一）色然——帛書整理小組は「色然、惊駭貌」という。魏啓鵬氏は「色」を「顔色（顔面之色）」の意に解し、整理小組の解釈を「道を聞いたならば顔面に斉荘・温潤の色合いが現れることをいう」と敷衍する（前掲書、四九～五十頁）。今はこれに従う。龐朴氏は「危然」の誤りではないかと疑う（前掲書、四九頁）が、採らない。

（二）胃人——国家文物局古文献研究室に従ってこの二字を衍字とみる（前掲書、一二七頁注六〇）。

（三）聞而知之、聖也——魏啓鵬氏はこの「聞而知之、聖也」が、『孟子』に聖人として扱われる湯・文王・孔子が「若湯則聞而知之」「若文王則聞而知之」「若孔子則聞而知之」（尽心下篇）といわれるのと一致する、という（前掲書、五十頁）。これでいけば、帛書の聖観念は『孟子』の聖人観を敷衍していることになろう。

（四）者也——国家文物局古文献研究室はこの二字を欠字のまま残すが、池田知久氏によって補った（前掲書、三六一頁）。

（五）貌知——国家文物局古文献研究室はこの二字を欠字のまま残すが、池田知久氏によって補った（前掲書、三六一頁）。

（六）未可——国家文物局古文献研究室はこの二字を欠字のまま残すが、池田知久氏によって補った（前掲書、三六二頁）。

【口語訳】

「まだ君子の道を聞いたことがないのを耳が聴くないという」とは、(他人と)同様に(聞くことは)聞く。けれども自分だけ君子(の道の偉大さ)に驚いた顔付きにならない。だからこれを耳が聴くない、というのである。

「まだ賢人を見たことがないのを目が明らかでないという」とは、(他人と)同様に(見ることは)見る。けれども自分だけ賢人(の賢人ぶり)に驚いた顔付きになることはない。だからこれを目が明らかでないというのである。

「君子の道を聞くことがあってもそれが君子の道であることを認知できないのは聖(＝耳が聰い)ではないという」とは、君子の道(の偉大さ)を聞いて驚いた顔付きにならず、しかもそれが天道であることを認知できない、これを聖(＝耳が聰い)ではない、というのである。

「賢人を見てもその人が徳を有していることを認知できないのは智ではないという」とは、賢人を見ても(その偉大さに)驚いた顔付きにならず(賢人のような)行動を採るすべも知らない。だからこれを智(＝目の明晰さ)ではないという、というのである。

「聞いたもの(が君子の道であること)を認知する(ことができる)のが聖である」とは、聞いてそのままにそれが天の道であることを認知する(ことのできる)のが聖(＝耳が聰い)ということである、というのである。

「見たもの(が賢人であること)を認知するのが智である」とは、見たそのままにその(賢人の)行動の根本則を認知するのが智である、ということである。

「(『詩』大雅・大明篇にある)『明明』というのは智のことである」とは、智は表に現れているものによって内に隠れているものまでも認知するということである。

「(『詩』大雅・大明篇にある)「赫赫」というのは聖の容貌である」というのは……言……………………(以下断欠)。

「(『詩』大雅・大明篇に)『(智である)明明が下に在り、(聖である)赫赫が上に在る』とはこのことを言うのである」とは、明は(人智であるから)その始まりは地上に在り、赫は(聖で天道であるから)その始まりが天上に在るのである。……

は、まだ聖や智（の発現である）とは言えない。

説十八

聞君子道、㗦也、同之聞也、獨色然辯於君子道〈㗦也〉。道〈㗦〉也者、聖之臧於耳者也（一）。

聞而知之、聖也、聞之而〔遂〕知亓天之道也。是聖矣。

聖人知天之道、道者、所道也（二）。

知而行之、義也、知君子之〔所〕道而掾然（三）行之、義氣也。

行之而時、悳也、時者、和也。和也者、恵（四）也。

見賢人、明也、同〔之見〕也、獨色然辯於賢人、明也。明也者、知之臧於目者。明則見賢人。

賢人〈見〉而知之、〔知也（五）〕曰、何居（六）。孰休烝此（七）而遂得之、是知也。

知而安之、仁也、知君子所道而〔諛〕然（八）安之者、仁氣〔也〕。

安而敬之、禮也、既安止矣（九）、而有秋秋然（一〇）而敬之者、禮氣〔也〕。〔所行所安（一一）〕、天道〔也（一二）〕。

〔仁〕義、禮樂所繇生也、言禮樂之生於仁義〔也〕。

〔五行之所和、言和仁義也〕。

〔和則（一三）〕樂、和者、有猷五聲之和也。

樂者言亓流體也、機〔然忘寒也。忘〕寒、悳之至也。

樂而笱有悳。有悳而國家與、国家與者、言天下之與仁義也。言亓□□樂也。

文王在尚、於昭于天、此之胃也、言大悳備成矣。

君子の道を聞くは、嘍（聰）なりとは、之が聞くを同じくするも、獨り色然として君子の道を辯《わか》つは嘍（聰）なり。嘍（聰）なりとは、聖の耳に臧（藏）する者なり。

聞きて之を知るは、聖なりとは、之を聞きて遂に亓《そ》の天の道なるを知るなり。是れ聖なり。

聖人は天の道を知るとは、道とは、道とする所なり。

知りて之を行うは、義なりとは、君子の道とする所を知りて掾然として之を行うは、義の氣なり。

之を行いて時なるは、悳（德）なりとは、時とは、和なり。和とは恵《とく》〈悳（德）〉なり。

賢人を見るは、明なりとは、之が見るを同じくするも、獨り色然として賢人を辯つは、明なり。明とは、知（智）の目に臧（藏）する者なり。明なれば則ち賢人を見る。

見て之を知るは智なりとは、曰く、何の居《ゆえ》ぞや。休烝を此に熟して遂に之を得るは、是れ知（智）なり。

知りて之を安んずるは、仁なりとは、君子の道とする所を知り諛然として之を安んずる者は、仁の氣なり。

安んじて之を敬するは、禮なりとは、既に止（之）を安んじて、有《ま》（又）た秋（愀）秋（愀）然として之を敬する者は、禮の氣なり。行う所安んずる所は天道なり。

仁義は、禮樂の繇《よ》（由）りて生ずる所なりとは、禮樂の仁義より生ずるを言うなり。

五行の和する所とは、仁義を和するを言うなり。

和せば則ち楽しむとは、和すとは、猷（猶）お五聲の和するがごとき有るなり。

樂しむとは亓の體（體）に流るるや、機然として寒《ふさ》（塞）がるを忘るるを言うなり。寒（塞）がるを忘るるは、悳（德）の至りなり。

樂しみて而る笱《のち》（后）に悳（德）有り。悳（德）有りて國家與《おこ》（興）るとは、国家與（興）るとは、天下の仁義に與（興）るを言うなり。亓の……は樂しむを言うなり。

文王　尚（上）に在り、於《ああ》、天に昭らかなりとは、此の胃（謂）なりとは、大悳（德）備わり成るを言うなり。

【注釈】

（一）獨色然……耳者也――国家文物局古文献研究室は、本来は「獨色然辧於君子道、嘍也。嘍也者、聖之臧於耳者也」とあったはずで、帛書の原文には脱誤があるという。これに従って改める。

（二）所道也――魏啓鵬氏はこの場合の「道」は「導」に通ず（前掲書、五一頁）というが、採らない。

（三）掾然――この字は二九〇行に「傚然」に作る。国家文物局古文献研究室は「率然」と読み「軽挙之貌」とし（前掲書、二七頁注六二）、魏啓鵬氏は「傚」が「蹵」に通ずるとして「連行之貌」とする（前掲書、五五頁）。これに拠る。

（四）恵――龐朴氏のいうように「恴（徳）」の字の誤りであろう（前掲書、五二頁）

（五）賢人見而知之知也――国家文物局古文献研究室は上文の「見」の下に重文記号があるべきだといい（前掲書、注六三）、龐朴氏は「賢人」は上文によって誤って重ねたのであり、「見」の字に作るべきだという（前掲書、五二頁）。けれども池田知久氏がいうように経文を掲出した際に誤ったものであろう。池田氏に従って「賢人」は上文の「見」の錯字、「知也」は奪字とみなし「見而知之、知也」に改める（池田氏、前掲書，三三八頁）。

（六）何居――国家文物局古文献研究室は「何居」とは「何故」のことで斉・魯地区の方言であるという（前掲書、二七頁注六四）。

（七）孰休烝此――難解な箇所である。浅野裕一氏は「孰（おもいつ）めては休（とど）まり、烝（おもいかえ）しては此（とど）まり」と読み（「帛書『五行篇』の思想史的位置―儒家による天への接近―」『島根大学教育学部紀要（人文・社会科学編）』第十九巻、一九八五年十二月、後、『黄老道の成立と展開』創文社、一九九二年十一月、所収）、池田知久氏は「孰休」は一つの聯文で下の動詞「烝」にかかる副詞で「諄複丁寧の意」。「烝」は『爾雅』釈詁に「烝、進也」とあり、「明」は上文の「明」を受けるとして「よくよくこれ（目の明らかさ）を推し進めてついにそれ（賢人）を会得するのが知であるというのである」と解する（前掲書、三八九頁）。けれども、文脈上から考えれば、この文が上文の「何居」を受けて発せられている以上、これまでの論述とは違う見地から文が起こされているはずで、文の繋がりとしては落ち着かない。魏啓鵬氏は、この文は「見休烝此」に作るべきでないかと疑い、「休」は『爾雅』釈詁に「休、美也」と、また「烝」は「徴」と読むべきで、「休烝」とは『尚書』「洪範」の「休徴」のこと。文全体は「賢人の居るところには美しい兆候を見ることができ、これが智である」という（前掲書、五二頁）が、「孰」を「見」に置き換えるのは帛書の文字の判定からいっても無理。今は確証はないがこの魏氏の解釈を活かし「孰」を「熟考」の意に解し、「めでたい兆候の意味を十分に考える」と訳し、前文の「何居」を受け、これまでの思索的な論述を改めて、我々の日常の経験の中に材料を求めて智の内容を説明したものとみておく。

（八）諛然――説十六の注（一）参照。

（九）安而敬……安止矣――国家文物局古文献研究室の「釈文」は「安而敬之」の「安」を「行」に作り、「既安止」を「既安之止」に作っているが、写真版によれば誤り。誤植であろう。「既安止」の「止」は「之」の仮借。

（一〇）秋秋然――龐朴氏は「愀、謹也」といい（前掲書、五二頁）、帛書整理小組・魏啓鵬氏ともに「秋」は「愀」で容色の変わる貌という（前掲書、五三頁）。後説に従い容色を改め整えるの意と解することにする。

（一一）所行所安――国家文物局古文献研究室は四字の欠字としてそのまま残すが、池田知久氏によって補った（前掲書、三九〇頁）。

（一二）也――国家文物局古文献研究室は一字の欠字としてそのまま残すが、池田知久氏によって補った（前掲書、三九〇頁）。

（一三）五行之……也和則――国家文物局古文献研究室は十三字の欠字としてそのまま残すが、池田知久氏によって補った（前掲書、三九一頁）。

【口語訳】

「君子の道を聞く（ことのできる）のが（耳の）聰さである」とは、（他人と）同じように聞くことであるけれども、自分だけが驚いた顔付きになって君子の道を（他と）区別する（ことができる）のが（耳の）聰さとである、ということである。耳が聰いとは、聖の徳が耳におさめられていることである。

「聞いて（それが君子の道であることを）認知できるのが聖である」とは、聞いたままにそれが天道であることを認知する、それが聖である、ということである。

「聖（の性質を耳に備えた）人は（君子の歩む）天の道を認知する者である」とは、（天の）道というのは（君子が人のゆくべき）道と定めたものである。

「（天の道を）認知して（それを）行動に移す（ことのできる）のが義である」とは、君子が（人の歩むべき）道として定めたものを知り、すみやかにこれを行動に移すのが義の気であるということである。

「行動に移して時宜にかなった状態が徳である」とは、時宜にかなうとは、（あらゆる状況と）調和（して誕生）するのが徳である。

「賢人を（賢人のままに）見る（ことのできる）のが（目の）明（晰さ）である」とは、（他人と）同様に見るのであるが、自分だけが驚いた顔付きになって賢人を（他人と）区別する（ことができる）のが（目の）明（晰さ）であるということである。（目の）明（晰さ）とは智の徳が目に備わったものである。（目が）明（晰）であれば賢人を見（いだすことができ）る。

「見て（それが賢人であることを）認知する（ことのできる）のが智である」とは、何故（そういえるの）か。めでたい兆候があらわれた意味を十分に考えると（それが賢人の登場を告げたものであることが分かり、かくて）賢人を（獲）得（しえ）る。これも智である。

「（賢人を）認知して安らか（な心境）になるのが仁（の徳の発現）である」とは、君子が（人の歩むべき）道として定めたものを知り、（徳がそなわるよう）気に病むほどの思いをしながら安らか（な心境）にするのが仁の気である、というのである。

「安らか（な心境）になって（賢人を）敬うのが礼である」とは、安らか（な心境）になり顔色を整えてその賢人を敬うのが礼の気である、ということである。（かく述べた）行おうとするもの（＝義）・安らか（な心境）になろうとするもの（＝仁）は、みな天道である。

「仁と義は礼・楽がそこから生まれてくる源である」とは、礼（の徳）と楽（しみの境地）とが仁と義（の徳）から生まれることを言う。

「（仁・智・義・礼・聖の）五（徳）行が調和しようとする」とは、（その前段階として）仁（の徳）と義（の徳）を調和することを言う。

「（いったん）調和したならば、楽しみ（の境地）に満たされる」とは、（調）和というのは五声（宮・商・角・徴・羽の音階）が調和するのと同様なものがある。

「楽しみ（の境地）に満たされる」とは、楽しみの感情が体中を駆け巡り、喜びに溢れて逼塞した思いを忘れさせることを言うのである。逼塞した思いを忘れる（ことのできる）のは、徳の至りである。

「楽しみ（の境地）に満たされて初めて徳が備わる。徳が備わったならば国家が興隆する」とは、国家が興隆するというのは天下が仁と義の徳に目覚めて国をもり立てることを言う。その……は楽しみ（の境地）に至ったことを言う。

「（『詩』大雅・文王篇に）『文王が民の上に君臨し、（その徳が）天に輝くばかりである』というのは、このことをいうのである」とは、大いに（仁・智・義・礼・聖の五）徳が備わって（調和し）完成されたことを言うのである。

説十九

見而知之、知也、見者□也。知者、言繇所見知所不見也。

知而安之、仁也、知君子所道而諛然(一)安之者、〔仁〕氣也。

安而行之、義也、既安之矣、而⿰亻殺然(二)行之、義氣也。

行而敬之、禮也、既行之矣、〔有〕秋秋然(三)敬之者、禮氣也。所安、所行、所敬、人道也。

仁知〈義〉(四)、禮〔知〕(五)之所繇生也、言禮〔智〕生於仁義〔也〕。

四行之所和、言和仁義也。

和則同、和者、有猶〔五〕聲之和也。同者、□約(六)也。與心若一也。言舍夫四(七)也、而四者同於善心也。

同、善之至也。同則善矣。


見て之を知るは、知（智）なりとは、見るとは……なり。知（智）なりとは、見る所に繇《よ》（由）りて見えざる所を知るを言うなり。

知りて之を安んずるは仁なりとは、君子の道とする所を知りて諛然として之を安んずる者は、仁の氣なり。

安んじて之を行うは、義なりとは、既に之に安んじて、⿰亻殺然として之を行うは、義の氣なり。

行いて之を敬うは、禮なりとは、既に之を行いて、有《ま》（又）た秋（愀）秋（愀）然として之を敬う者は、禮の氣なり。

安んずる所、行う所、敬する所は、人道なり。

仁義は、禮知（智）の繇（由）りて生ずる所なりとは、禮智の仁義より生ずるを言うなり。

四行の和する所とは、仁義を和するを言うなり。和せば則ち同ずとは、和すとは猶お五聲の和するがごとき有るなり。同ずとは……約なり。心と一なるが若きなり。夫の四を舎てて、四者　善心に同ずるを言うなり。同ずるは、善の至りなり。同ずれば則ち善なり。

【注釈】

（一）諛然――説十六、注（一）参照。

（二）傚然――説十八、注（三）参照。

（三）秋秋然――説十八、注（一〇）参照。

（四）仁義――帛書は「仁知」に作るが誤り。経十九により改める（龐朴氏同じ、前掲書五三頁）。

（五）知――帛書は「禮」の下に「知（智）」の一字を脱す。経十九により補う（龐朴氏同じ、前掲書五三頁）。ただし、「楚簡五行篇」では「仁義礼所由生也」となっている。

（六）□約也――魏啓鵬氏は欠字部分に「守」を当てて「同ずとは守り約なり」と読む。「守約」とは『孟子』公孫丑上に見え、もともとは「身の守り方が簡約で要領を得ている」こと。それを魏氏は帛書の中では「心を同じくして仁を守る」の意に解する（前掲書、五六頁）のである。一説であろう。

（七）舎夫四也――池田知久氏がいうように、一つに調和されていないバラバラな「四行」、「心」と一体となっておらず心によって対象化されている四行を捨て去ること、である（前掲書、四一三頁）。

【口語訳】

「見て（それが君子の道であることを）認知す（ることのでき）るのが智である」とは、見るというのは…である。認知するとは（表に）現れているものから（表に）現れていないものを認知することをいうのである。

「（君子の道を認）知（す）ることができて安らか（な心境）になるのが仁（の発現）である」とは、君子が（人の歩むべき）道として定めたものを認知して（徳を備えようとして）気に病むほどの思いをしながら安らか（な心境）にするのが仁の気である、ということである。

「安らか（な心境）になって（君子の道を）行うのが義である」とは、安らか（な心境）になってしまった後、速やかに（君子の道を）行動に移すのが義の気である、ということである。

「（君子の道を）行って敬いの意識を持つのが礼である」とは、（君子の道を）行動に移した後、顔色を整えて（人を）敬うのが礼の気である、ということである。安らか（な心境）にすること・（君子の道を）行うこと・（他人を）敬うことは、人道である。

「仁と義（の徳）は、礼と智（の徳）がそこから生まれてくる源である」とは、礼と智（の徳）は仁・義（の徳）から生まれることを言う。

「（仁・義・礼・智の）四（徳）行が調和しようとする」とは、仁と義（の徳）を調和することをいう。

「（いったん）調和したならば（それらは）同化して一つになる」とは、調和するというのは（宮・商・角・徴・羽の）五声が調和したかの状況があることである。同化して一つになるとは…約である。心（の有り様）と同一になるかのようであることである。あの（仁・義・礼・智の）四つ（の徳のどれかが偏っている状態）を捨てて（その）四つ（の徳）が己の善の心と同化して一つになることを言う。

同化して一つになるのは善の至りである。同化して一つになれば（それが）善（の完成）である。

説二十

〔不間[一]不行、間者言〕[二]人行之大。大者、人行之□然者也。世子曰、[三]人道有恆、達□□□。[四]□□□間也、間則行矣。不匿、不辨於道、匿者、言人行小而軫者也。小而實大、大之□□者也。[五]世子曰、知軫之爲軫也、[六]斯公然得矣。軫者多矣。公然者、心道也。不周〔於匿〕[七]者、不辨於道也。有大罪而大誅之、間。[八]有小罪而赦之、匿也。有大罪而弗〔大〕[九]誅、不行也。有小罪而弗赦、不辨於道也。

間爲言猶衡也。大而炭者、直之也。[一〇]

匿爲言也猶匿匿。小而軫者、直之也。

間、義之方也、匿、仁之方也。言仁義之用心之所以異也、義之盡間也、仁之盡匿。大〔義〕[一一]加大者、大仁加仁小者。故義取間而仁取匿。

詩員、[一二]不勮不〔諒〕、不剛不柔。此之胃也。勮者強也。諒者急也。非強之也。非急之也。非剛之也。非柔之〔也〕。言无所称焉也。[一三]此之胃者、言仁義之和也。

間（簡）ならざれば行はずとは、間（簡）とは人の行いの大なるを言う。大とは人の行いの……然たる者なり。世子曰く、人道に恆有り、達………と。………間（簡）なり。間（簡）なれば則ち行う。匿《かく》さざれば、道に辧《わか》たずとは、匿すとは、人の行いの小にして軫《おお》き者を言うなり。小にして實に大なるは、之を大にする…者なり。世子曰く、軫の軫爲《た》るを知るや、斯に公然として得ると。軫とは多きなり。公然とは、心道なり。匿に周ねからざる者は、道に辨たざるなり。

大罪有りて大いに之を誅するは、間（簡）なり。小罪有りて之を赦すは、匿なり。大罪有りて大いに誅せざるは、行わざるなり。小罪有りて赦さざるは、道に辨たざるなり。間（簡）の言爲《げんた》る猶お衡のごときなり。大いにして炭《まれ》（罕）なるとは、之を直にするなり。

匿の言爲るや猶お匿（慝）を匿《かく》すがごとし。小にして軫き者なりとは、之を直にするなり。

間（簡）は、義の方なり、匿は、仁の方なりとは、仁義の心を用いるの異なる所以や、義の盡くるは間（簡）にして、仁の盡くるは匿なるを言う。大義は大なる者に加え、大仁は仁の小なる者に加う。故に義は間（簡）に取りて仁は匿に取る。

詩に員《い》（云）う、勮ならず𧦝ならず、剛ならず柔ならずと。此の胃《いい》（謂）なりとは、勮とは強きなり。𧦝とは急なり。之を強いるに非ざるなり。之を急にするに非ざるなり。之を剛にするに非ざるなり。之を柔にするに非ざるなり。称する所无きを言うなり。此の胃（謂）なりとは、仁・義の和するを言うなり。

【注釈】

（一）間——簡の仮借。経十一注（三）参照。

（二）不間不行間者言——国家文物局古文献研究室は七字の欠字として残すが、池田知久氏（前掲書、四三七頁）によって補った。

（三）世子——『漢書』芸文志儒家類に「世子二十一篇、名は碩。陳の人なり。（孔子）七十子の弟子なり」と見える。帛書整理小組は『論衡』の本性篇に「周人世碩、以為人性有善有悪、作養書一篇」とあるところからここの「世子曰」はその遺文であろうという。なお、「世子曰」を国家文物局古文献研究室（前掲書、二二頁）は「間則行矣」までとみるが、池田知久氏（前掲書、四八三頁）や龐朴氏（前掲書、五五頁）は「達□□□」までとする。池田・龐両氏に従っておく。

（四）不間不……□□□——龐朴氏はこの文を説十九に含めているが、池田知久氏の説く（前掲書、四三五頁）ようにここの説二十に属させるべきである。

（五）大之□□者也——二字の欠字分は池田氏によって補った（前掲書、四三六頁）。

（六）知軫之爲軫也――「匿してやることが人々に頻繁に行われるのは人々にその思いやりがあることだ、というのが分かれば」の意味である。
（七）於匿――龐朴氏によって補う（前掲書、五五頁）。
（八）不周於……誅之、間――龐朴・池田知久氏等はこの文を誤写として本節の「公然者、心道也」の下に移す。これに従う。
（九）大――各本欠字のままにおいておくが、文脈上は「大」を補うべきであろう。
（一〇）直之也――説七、注（一）参照。
（一一）義――「義之盡間也、仁之盡匿。大□加大者、大仁加仁小者」との文脈において浅野裕一氏のように「義」を補うのが妥当である。
（浅野氏、前掲書、五七五頁）
（一二）詩員――経二十、注（一〇）参照。
（一三）言无所称焉也――龐朴氏は「言夫不争焉也」に改めているが採らない。

【口語訳】

「正確に（善悪を）判断しないのであれば行うことはできない」とは、正確に（善悪を）判断するとは、人の行爲の中でも大きなものを言う。（その）大きなものとは、人の行爲の中でも…然としたものである。『世子』に「人には常道があり、………に達する」というが、………とは正確に（善悪を）判断することである。正確に（善悪を）判断する（ことができる）のであれば、行う（ことができる）のである。

「（小さな過失を）匿してやる思いやりがなければ道にかなっているかどうか弁別できない」とは、匿してやるのは人の行いの中でも小さいことで、頻繁に行われることを言う。小さなことでも実に大きく扱われるのは重大（にし）な（ければならない）…ものだからである。『世子』にいう、「頻繁なことが頻繁に繰り返されることの意味が分かれば（その心映えが）公正な心の有り様として会得できる」と。頻繁とは多いということである。公正な心の有り様とは心の用い方である。匿してやる思いやりに通じていないのは、道にかなっているかどうかが弁別できないことである。

「(罰すべき) 大罪があって積極的に誅伐するのは正確に (善悪を) 判断することである。(赦してやった方がいい) 小罪があってこれを許すのは、匿してやる思いやりである。(罰すべき) 大罪がありながら (それを) 積極的に誅伐しないというのは、行う (べき) ことではない。(赦してやった方がいい) 小罪でありながら赦してやらないのは、道に照らして (善悪を) 正確に弁別できないことである。(正確に善悪を判断する) 簡という字の意味は (物の軽重を) 測るというのと同様である。重大事ではあるが稀にしか用いられないことである」というのは、直接ありのままを述べたのである。

「(匿してやる思いやりという) 匿の字の意味は、慝 (=邪悪。ここではデキゴコロほどの意) を匿してやるというのと同様である。小事ではあるが頻繁に起こることである」というのは、直接ありのままを述べたのである。

「(正確に善悪を判断する) 簡は義を発現させる手段であり、匿 (してやる思いやり) は仁を発現させる手段である」とは、仁と義 (を発現させるため) の心の用い方が異なる理由は、義 (の本) を突き詰めてゆけば正確に判断するという認識力に由来し、仁 (の本) を突き詰めてゆけば (小さな過失は) 匿してやる思いやりに帰着する (という違いに拠る) ことを言う。大義は (罪の) 大きな者に施し、大仁は仁の小さな者 (過失の程度が小さくさほどの思いやりも必要としない者) に施してやる。だから、義は (その本を) 正確に (善悪を) 判断する意識に取り、仁は (その本を小さな過失はこれを) 匿してやる思いやりに取るのである。

「『詩』(の商頌・長発篇) に『勮 (強いること) もなく、絿 (急ぎ過ぎること) もなく、剛くもなく、柔らかくもない』というのはこれを言うのである」とは、「勮」とは強いることであり、「絿」とは急ぐこと。それらの強いることでも、急ぐことでも、剛くすることでも、柔らかくすることでもない各々の性質が、仁と義の調和した状態を名状するのは、そぐわないことをいうのである。これを言うのであるとは、仁と義の調和を言うのである。

説二十一

〔君子雜大成、雜也〕(一)者、猶造之也。猶具之也。(二)大成也者、金聲玉辰之也。唯金聲〔而玉振之者〕、然笱忌仁而以人仁、忌義而以人義。大成至矣、神耳矣。人以爲弗可爲〔也。無〕(三)繇至焉耳。而不然。

能誰之爲君子、弗能進、各止於亓里、能進端、能終端、(四)則爲君子耳矣。

弗〔能〕進、各各止於亓里、不莊尤割人、(五)仁之理也。(六)不受許跍者、義之理也。弗能進也、則各止於亓里耳矣。終亓不莊尤割人之心、而仁腹四海。終亓不受許跍之心、而義襄(七)天下。仁復四海、義襄天下而成。繇亓中心行之、亦君子已。

大而炭〔者〕、能有取焉、大而炭(八)也者、言義也。能有取焉也者、能行〔之〕。

〔小〕而軫者、能有取焉、小而軫者、言仁也。能有取焉者也、能行之也。

衡盧盧(九)達〔於君子道。謂之賢〕、衡盧盧也者、言亓達於君子道也。能仁義而遂達於〔君子道〕、胃之賢也。

君子知而擧之、胃之尊賢、君子知而擧之也者、猶堯之擧舜、〔湯〕(一〇)之擧伊尹也。擧之也者、成擧之也。知而弗擧、未可胃尊賢。

君子從而士之也〔者〕、猶顏子・子路之士孔子也。士之者、成士之也。知而弗士、未可胃尊賢也。前、王公之尊賢者也。後、士之尊賢者也、直之也。(一一)

君子は雜《あつ》めて大成すとは、雜むとは、猶お之を造《はじ》むるがごときなり。猶お之を具うるがごときなり。大成すとは、金聲して玉之を辰（振）するなり。唯だ金聲して玉之を振する者にして、然る笱《のち》（后）に忌《おのれ》（己）仁にして人を以て仁にし、忌（己）義にして人を以て義にす。大成至る、神のみ。人以爲《おもえ》らく、爲す可からざるなり。繇《よ》（由）りて焉に至る無きのみと。而れども然らず。

能く之を誰《すす》（進）むれば君子と爲り、進む能わざれば、各おの亓《そ》の里に止まるとは、能く端を進め、能く端を終《み》たせば、則ち君子と爲るのみ。

進む能わざれば、各各亓の里に止まるとは、人を割《がい》（害）するを尤《ほっ》（欲）するを莊《ぞう》（藏）せざるは、仁の理なり。許（吁）跂（嗟）を受けざるは、義の理なり。進む能わざれば、則ち各おの亓の里に止まるのみ。亓の人を割（害）するを尤（欲）するを莊（藏）せざるの心を終《み》（充）たして、仁　四海を腹《おお》（覆）う。亓の許（吁）跂（嗟）を受けざるの心を終（充）たして、義　天下を襄《つつ》む。仁は四海を復《おお》（覆）い、義は天下を襄みて成る。亓の中心に繇（由）りて之を行う、亦君子のみ。大にして炭《まれ》（罕）なる者は、能く焉に取る有りとは、大にして炭（罕）なりとは、義を言うなり。能く焉に取る有りとは、能く之を行うなり。

小にして軫《おお》き者は、能く焉に取る有りとは、小にして軫きとは、仁を言うなり。能く焉に取る有る者なりとは、能く之を行うなり。

衡として盧盧たれば君子の道に達す。之を賢と謂うとは、衡として盧盧たりとは、亓の君子の道に達するを言うなり。仁義を能くして遂に君子の道に達す、之を賢と胃（謂）うなり。

君子知りて之を擧ぐ、之を賢を尊ぶと胃（謂）うとは、君子知りて之を擧ぐとは、猶お堯の舜を擧げ、湯の伊尹を擧ぐるがごときなり。之を擧ぐとは、成《まこと》（誠）に之を擧ぐるなり。知りて擧げざるは、未だ賢を尊ぶと胃（謂）うべきからざるなり。

君子は從いて之に士《つか》（事）うとは、猶お顔子・子路の孔子に士（事）うるがごときなり。之に士（事）うとは、成（誠）に之に士（事）うるなり。知りて士（事）えざるは、未だ賢を尊ぶと胃（謂）うべからざるなり。

前は、王公の賢を尊ぶ者なり。後は、士の賢を尊ぶ者なりとは、之を直にするなり。

【注釈】

（一）君子……雜也――国家文物局古文献研究室は「君子集大成、成也」を補うが、「集」は経と対応させ「雜」がよく、下の「成」は池田知久（前掲書四六五頁）・浅野裕一氏（前掲書）により「雜」に改める。

（二）君子……具之也――「雜也者、猶造之也。猶具之也」というのは「造」は「始」の意味で、仁・義・礼・智・聖の五徳行を整え調和し始めること、「具」というのはその統合されたものがついには自己の品性として具備されることをいうのであろう。「雜」という語の概念が有する範囲を解説したものとみる。「造、始也」というのは『尚書』伊訓篇の「造攻自鳴条」の孔安国の注に見え、この点については龐朴氏に指摘される（前掲書、五九頁）。

（三）也無――国家文物局古文献研究室は二字欠字のまま残すが、池田知久氏によって補った（前掲書、四六七頁）。ただし、池田氏は下の「無」はその上の部分が見えているものと見なし、欠字は一字とする。

（四）終端――龐朴氏は「終」を「充」の仮借とみ、『孟子』公孫丑上篇の「人之有四端也、猶其有四体也」「凡有四端於我者、知皆拡而充之矣」の「四端」と「拡充」の説に比定する（前掲書、六十頁）。卓説であろう。

（五）不莊尤割人――帛書整理小組は「尤是恨心」といい、池田知久（前掲書、四七〇頁）・魏啓鵬（前掲書六一～二頁）の両氏、国家文物局古文献研究室（前掲書、二七頁注七〇）はこれに従う。その場合、本文は「尤（うら）みを莊（藏）して人を割（害）わざるは」と読むことになる。けれども「帛書五行篇」が、心が自発的に仁義礼智聖の道徳心に発展してくるプロセスを重視している時に、その発展するプロセスの中間に「尤（うら）みを莊（藏）して」というのはその発展性を妨げることであり、文脈上似つかわしくない。今は龐朴氏の挙例『孟子』尽心下篇の「人能充無欲害人之心、而仁不可勝用也」（前掲書、六〇頁）によって、「尤」を「欲」の仮借字とみておく。

（六）仁之理也――「理」は「里」の仮借字であろう。その意味については経二十一注（二）参照。

（七）襄――帛書整理小組は「襄猶囊」といい、その意味を「包括」という。

（八）炭――経二十一ではを「罕」に作る。これに従って解釈する。

（九）盧盧——経二十一、注（六）参照。
（一〇）湯——国家文物局古文献研究室は二字欠字のまま残すが、池田知久氏によって「湯」の一字を補った（前掲書、四七二～三頁）。
（一一）直之也——説二十、注（一〇）参照。

【口語訳】

「君子は（仁・義・礼・智・聖の五徳を）集め（整え調和し）て（それを）大成させるのである」とは、集めるというのは（仁・義・礼・智・聖の五徳行を整え調和し）はじめるということであり、（ついにはそれを）完備させるということである。大成させるというのは（鐘などの）金属製の楽器の音色で演奏を起こし、（磬などの）玉製の楽器の音色で演奏をおさめる、ということである。ただ金属製の楽器の音色で演奏を起こし、玉製の楽器の演奏をおさめる者であって初めて、自身が仁（の徳）を身につけ、（それで）他人にも仁（の徳）を身につけさせ、自身が義（の徳）を有して（それで）他人にも義（の徳）を身につけさせるのである。大成させるとは神の技である。人は思う、爲し得るものではないし、そこに辿り着くことはあり得ないと。けれども、それは違う。

「進め（て仁・義・礼・智・聖の五徳を心に発現させ）ることのできた者が君子となり、（そこまで）進めなかった者は、その各々が到達した村里（＝段階・心の境地）に止まることになる」とは、（五徳の）端緒を進め、（五徳の）端緒を拡充すれば、君子となるのである。

「進めることができなかった者は、その各々が到達した村里（段階・心の境地）に止まることになる」とは、人に危害を加えようとする心を内に秘めないのが仁（者）の（集う）村里であり、「さあ、食え」とぞんざいに与えられた食物を拒否するのは義（者）の（集う）村里である。進めることができなければ各々の村里に止まることになる。人に危害を加えようと思わない心を拡充することによって（仁の徳が発現し、）仁（の徳）が（広く）海内に溢れることになり、「さあ、食え」とぞんざいに与えられた食物を拒否する心を拡充させることによって（義が発現し、）義（の徳）が国中を包み込む（ことになる）のである。その心からなる思いでこれを行うのである。君子と認めるに十分である。

「大きいけれども滅多に起こらない事件（からは、その事件に対する心構え）から義（の意識）を手に入れることができる」とは、大きいけれども滅多に起こらない事件（に対する心構え）とは義を言う。「義（の意識）を手に入れることができる」とは、これを行い得る（可能性がある）ということである。

「小さいけれども頻繁に起こる事件（からはその事件に対する匿してやる思いやりの意識）から仁（の意識）を手に入れることができる」とは、小さいけれども頻繁に起こる事件（に対する匿してやる思いやりの意識）とは、仁を言う。仁（の意識）を手に入れることができるとは、これを行い得る（可能性がある）ことを言うのである。

「（こうした心境になり得た者の容貌は）盛んで光り輝くばかりになると君子の道に到達することになる。こうした人を賢（者）と呼ぶ」とは、盛んで光り輝くようになるというのは君子の道に到達した状態をいうのである。仁と義の徳を発現させることができて、かくして君子の道に到達する。こうした者を賢（者）というのである。

「君子は（その者が君子の道に到達した賢者であることを）知って（彼のことを）登用する。これを賢（者）を尊ぶという」とは、君子は（その者が君子の道に到達した賢者であることを）知って（彼を）登用するというのは、堯が舜を登用し、（殷の）湯王が伊尹を登用したのと同様である。彼を登用するというのは、心から彼を登用することである。（彼が賢者であることを）知りながら登用しないのはまだ賢者を尊ぶ者だとは言えない。

「君子が（賢者に弟子として）従い（彼に）師事する」とは、顔回や子路が孔子に師事したのと同様である。（彼に）師事するというのは、心から師事しようとすることである。（彼が賢者であることを）知りながら師事しないのは、まだ賢者を尊ぶ者であるとはいえないのである。

「前（のケース）は王公が賢者を尊ぶ場合であり、後（のケース）は士が賢者を尊ぶ場合である」とは、直接にありのままを述べたのである。

說二十二

耳目鼻口手足六者、心之役也、耳目也者、說聲色者也。鼻口者、說犨味者也。手足者說餋餘（一）者也。〔心〕也者、說仁義者也。之數體者皆有說也。而六者爲心役、何〔居〕（二）。曰、心貴也。有天下之美聲色於此、不義則不聽弗視也。有天下之美犨味於〔此〕、不義則弗求弗食也。居而不間（三）尊長者、不義則弗爲之矣。何居。曰幾不〔勝彰、小〕（四）不勝大、賤不勝貴也才。故曰、心之役也。耳目鼻口手足六者、人〔之民、人〕體之小者也。心、人〔之君〕（五）、人體之大者也。故曰君也。

心曰雖、莫敢不雖、心曰雖、〔耳目〕鼻口手足音聲貌色皆雖。是莫敢不雖也。若亦然。進亦然。退亦然。

心曰深、〔莫〕敢不深。心曰淺、莫敢不淺、深者甚也。淺者不甚也。深淺有道矣。故父謼、口〔含〕食則堵之、手執〔業〕（六）則投〔之〕、雖而不若（七）。走而不趨。是莫敢不深也。於兄則不如是亓甚也。是莫敢不淺也。

和則同、和也者小體變變然（八）不圍（九）於心也。和於仁義。仁義心（一〇）同者、與心若一也。□約也同於仁。仁義心也同則善耳。

耳・目・鼻・口・手・足の六者は心の役なりとは、耳・目なる者は、聲・色を說《よろこ》（悅）ぶ者なり。鼻・口とは、犨（臭）・味を說（悅）ぶ者なり。手・足とは餋餘を說（悅）ぶ者なり。心なる者は、仁義を說（悅）ぶ者なり。之の數體（體）は皆說（悅）ぶ有るなり。而るに六者心の役と爲るは、何ぞや。曰く、心貴ければなり。此に天下の美聲色有れども、不義なれば則ち聽かず視ざるなり。此に天下の美犨（臭）味有れども、不義なれば則ち求めず食わざるなり。居りて則ち尊長者を間せざれども、不義なれば則ち之を爲さざるなり。何ぞや。曰く、幾は彰に勝たず、小は大に勝たず、賤は貴に勝たざるかなと。故に曰く、心の役なりと。耳・目・鼻・口・手・足の六者は、人の民にして、人體（體）の小なる者なり。

心は、人の君にして、人體（體）の大なる者なり。故に曰く、君なりと。

心雖《い》（唯）せよと曰えば、敢えて雖（唯）せざるは莫しとは、心雖（唯）せよと曰えば、耳・目・鼻・口・手・足の音聲貌（貌）色皆雖（唯）す。是れ敢えて雖（唯）せざるは莫きなり。若《だく》（諾）するも亦然り。進むも亦然り。退くも亦然り。

心深かれと曰えば、敢えて深からざるは莫し。心淺かれと曰えば、敢えて淺からざるは莫しとは、深き者は甚しきなり。淺き者は甚しからざるなり。深淺に道有るなり。故に父謼《よ》（呼）ぶときは、口食を〔含めば〕則ち之を堵《は》（吐）き、手業を執れば則ち之を投げ、雖（唯）して若（諾）せず。走りて趨《はし》らず。是れ敢えて深からざるは莫きなり。兄に於いては則ち是の如く亓《そ》れ甚しからざるなり。是れ敢えて淺からざるき莫きなり。

和せば則ち同ずとは、和とは小體（體）變（便）變（便）然として心に囲《かん》せざるなり。仁義に和するなり。仁義の心同ずる者は、心と一なるが若きなり。……約や仁に同じきなり。仁義の心や同ずれば則ち善のみ。

【注釈】

（一）勶餘――魏啓鵬氏は、「勶」を徐鉉は「今俗作撤」といい、『広雅』釈詁一に「撤、取也」という。また「餘」は「蹠」と通借の字でその意味は「行」であり、「跳」である、といい、「手の性質は好んで物を取り、足の性質は好んで行き跳ねることである」と解釈する（前掲書、六五頁）。国家文物局古文献研究室は「勶」を「佚」に読み、「餘」を「豫」に読んで、「佚豫」とは「安逸」のことであるとする（前掲書、二七頁注七五）が、魏説が勝る。

（二）居――国家文物局古文献研究室は一字の欠字として残すが、池田知久氏によって補った（前掲書、四九三頁）。

（三）間――『荘子』天運篇の「食于苟間田」の『経典釈文』の注に引く司馬注に「間、分別也」という。これにより魏啓鵬氏が別と解釈する（前掲書、六五頁）のが正しい。

（四）勝彰、小――国家文物局古文献研究室は「勝彰」の二字を欠字として残すが、魏啓鵬氏によって補った（前掲書、六六頁）。国家文物局古文献研究室は「幾」を「豈」に読み「幾不」以下を三字の欠字とするが、魏啓鵬氏がいうように以下の句作りが「小不勝大、賤不勝貴」と二つの概念を対比させているのであればここの句作りも同様で、「幾」は「微」の意である以上、当然補われるべきは「彰」

もしくはそれに類する字であろう（同上）。

（五）之民人……之君――魏啓鵬氏は『文選』「四子講徳論」の注に引く「子思子」に「民以君為心、君以民為体。心荘則体修、心粛則体敬」とあることから、帛書の「耳目鼻口手足六者、人□□□」の欠字部分に「之民、人」の三字を補い、「心、人□□」の欠字部分に「之君」の二字を補う（前掲書、六六頁）。これに拠る。

（六）業――国家文物局古文献研究室は『礼記』玉藻篇の「父命呼、唯而不諾、手執業則投之、食在口則雄吐之、走而不趨」の文により、「執」の字の下には「業」が入るという（前掲書、二七頁注七七）。

（七）雖而不若――帛書のコンテキストでいけば、「唯」と「諾」には承知する程度に甚浅の差があり、「唯」は甚しい場合で「ハイッ」とためらうことのない返事。それに対して「諾」は承知するにしてもその程度は軽く、承知するまでにためらいのある場合の返事、となる。

（八）變變然――経十、注（二）参照。

（九）囷――国家文物局古文献研究室は「患」もしくは「貫」ではないかと疑い（前掲書、二七頁注七八）、龐朴（前掲書、六一頁）・魏啓鵬両氏（前掲書、六七頁）は「困」の字に作る。文脈上、「困」ないし「患」と見るのが適切であろう。「心を束縛する」ほどの意。

（一〇）和於仁義仁義心――は仁義の下に重文記号があることによる。実際は五字。この句を巡っては様々な説がある。池田知久氏は「和於仁義心」に作るべきとする（前掲書、四九一頁）が、ここでは字はそのまま残し「和於仁義仁義心」は「和於仁義」で句、「仁義心」は下文に「仁義心也同則善耳」とあることから次ぎの「同」に懸かるものと考える。

【口語訳】

「（人体の）耳・目・鼻・口・手・足の六者は心に使役されるものである」とは、耳や目は（よき）声色・（美しい）色合いを悦ぶものである。鼻や口は（かぐわしい）匂い・（おいしい）味わいを悦ぶものである。手や足は物を（手に）取り、歩み跳びはねることを悦ぶものである。心は仁・義（の徳）を悦ぶものである。これら体のいくつかの器官は皆（おのがじし）悦びを有している。それでいて（耳・目・鼻・口・手・足の）六者が心に使役されるのは何故か。それは心が（それら六者よりも一段）貴いからである。ここに天下の（最も）よい声色、（最も）美しい色合いがあったとしても、（心が）

義にかなっていない（と判断した）なら、聴くこともなければ、観ようとすることもない。ここに天下の（最も）かぐわしい匂い、（最も）おいしい味わいがあったとしても、（心が）義にかなっていない（と判断した）なら、求めることも食することもない。尊い人・目上の人と（なんの）隔てもなく共に居ても、（それを心が）義にかなっていない（と判断した）ならそうすることはしない。何故か。（それは）微かな者が彰らかな者に勝ることはなく、小さい者が大きな者に勝ることはなく、賎しい者が貴い者に勝ることはないからではないか。だから心に使役されるというのである。耳・目・鼻・口・手・足の六者は人で言えば民に相当し、人体の（中でも）小さな部分である。（それに対し）心は人で言えば君（主）に相当し、人体の（中でも）大きな部分である。だから、（心は）君（主）である、というのである。

「心がハイッと言って従えと言えば、イヤッと言って従うまいと思う者はない」とは、心がハイッと言って従えというと、耳・目・鼻・口・手・足の声色や容貌が皆ハイッと言って従う。こうであるのは、イヤと言って従うまいと思う者はないことである。（心が）承諾せよという場合も同様であり、進めと言う場合も同様であり、退けと言う場合も同様である、ということである。

「心が（礼を尽くす程度を）『深くせよ』と言えば、深くすまいと思うことはない。心が（礼を尽くす程度を）『浅くせよ』と言えば浅くすまいと思うことはない」とは、深くするとは（程度の）甚だしいことであり、浅くするとは（程度が）甚だしくないことである。深くしたり浅くしたりするには（それに応じた）やり方がある。だから父が呼んだときに口に食物を含んでいたらこれを吐き出し、手で仕事を行っているときにはそれを投げ出して（ハイッと言って）承諾し、（承諾しようかどうか）ためらうことはない。大股で走り（駆けつけ）小股で（ゆっくりと）行くことはない。これが深くすまいと思うことがない、ということである。（それに対し）兄の場合となるとこうは甚だしく（対応）することはない。これが浅くすまいと思うことはない、ということである。

「（耳・目・鼻・口・手・足の六者）が（心に）調和したならば一つに同化する」とは、小体（に相当する耳・目・鼻・口・手・足の所作と指令とが）調和したならば一つに同化する」とは、小体（に相当する耳・目・鼻・口・手・足の六者）が（心に）従う状態になって心を束縛することがないということである。仁と義で調和された状態である。

仁と義の心が一つに同化した状態は、心が（耳・目・鼻・口・手・足の六者の小体を従属させて）一つになったかのようである。…約というのは仁と同化した状態である。仁と義の心が一つに同化（して、小体である体の一つ一つの各器官が心の命ずるままに従属）すれば、それが善（の境地）である。

説二十三

目(一)而知之、胃之進之、弗目也、目則知之矣。知之則進耳。

目之也者、比之也。天監〔在〕下、有命既雜者也(二)。天之監下也、雜命焉耳。遁草木之生則有生焉、而无〔好惡焉。遁〕禽獸之生則有好惡焉、而无禮義焉。遁人之生則魏然(三)〔知亓好〕仁義也。不遁亓所以受命也、遁之則得之矣。是目之已。故目萬物之生而〔知人〕(四)獨有仁義也、進耳。

文王在上、於昭于天、此之胃也。文王源耳(五)目之生而知亓〔好〕聲色也。源鼻口之生而知亓好犨味也。源手足之生而知亓好斆餘也(六)。源〔心〕之生則魏然知亓好仁義也(七)。故執之而弗失。親之而弗離。故卓然見於天、箸於天下(八)。无它焉。目也。故目人體而知亓莫貴於仁義也、進耳。

目《くら》（方）べて之を知る、之を之を進むと胃《い》（謂）うとは、目（方）べざるや、目（方）ぶれば則ち之を知る。之を知れば則ち進むのみ。

之を目（方）べるとは、之を比するなり。天監《かんが》みて下に在り、命有り既に雜《あつ》まる者なり。天の下を監みるや、命を焉に雜むるのみ。草木の生（性）に遁《したが》（循）えば則ち生有れども、好惡无し。禽獸の生（性）に遁（循）えば則ち好惡有れども、禮義无し。人の生（性）に遁（循）えば則ち魏然として亓《そ》の仁義を好むを知るなり。亓の命を受くる所以に遁（循）はざるや、之に遁（循）えば則ち之を得るなり。是れ之を目（方）ぶるのみ。故に萬物の生（性）を目（方）べて人獨り仁義有るを知るは、進むのみ。

文王上に在り。於《ああ》、天に昭らかなりとは、此の胃（謂）なり。文王は耳目の生（性）を源《たず》〈原〉ねて亓の聲色を好むを知るなり。鼻口の生（性）を源〈原〉ねて亓の犨（臭）味を好むを知るなり。手足の生（性）を源〈原〉ねて亓の㑅餘を好むを知るなり。心の生（性）を源〈原〉ぬれば則ち巍然として亓の仁義を好むを知るなり。故に之を執りて失わず。之に親しみて離れず。故に卓然として天に見われ、天下に箸《あきら》（著）かなり。它（他）无し。目（方）ぶればなり。故に人體（體）を目（方）べて亓の仁義より貴きは莫きを知るは、進むのみ。

【注釈】

（一）目——経二十三、注（一）参照。

（二）有命既雜者也——帛書整理小組は「而部冬雜者也」と判読し「雜、集聚。部、爾雅釈詁、合也。…即配偶之義」といい、龐朴氏もこれを支持し「冬」を「終」とする（前掲書、六八頁）が、採らない。国家文物局古文献研究室（前掲書、二七頁注七九）・池田知久氏（前掲書、五一二頁）に従い、『詩』大雅・大明篇の「天監在下、有命既集」の引用とみなす。

（三）巍然——ひときわ（高く）すぐれること。

（四）知人——国家文物局古文献研究室は二字欠字のまま残すが、龐朴氏によって補った（前掲書、六三頁）。

（五）源——帛書整理小組は「源当作原、謂尋亓本也」といい、魏啓鵬氏も同解（前掲書、六九頁）。これに従う。

（六）㑅餘——説二十二、注（一）参照。

（七）遁草木…仁義也——以上のロジックの同例として、国家文物局古文献研究室は『荀子』王制篇の「水火有気而無生、草木有生而無知、禽獣有知而無義。人有気、有生、有知、亦且有義。故最為天下貴」を掲げる（前掲書、二七頁注八〇）が、帛書はこの『荀子』の文章を踏まえたものであろう。

（八）箸於天下——帛書整理小組は、「朞月□天下」と判読し、「朞」を「一周年」と解するが、採らない。

【口語訳】

「（他の物と）方（くら）べて（互いの違いを見い出すことからそのものの固有の性質を）認知することを進めるという」とは、方べないのであればいざしらず、いったん方べたならば（その物の固有の性質が）認知できる。（その物の固有の性質が）認知できたというのは進むことである。

「方べる」というのは比（くら）べるということである。（『詩』大雅・大明篇の）「天は下界を監視して（それに応じた）命を与えてここに集めた」というの（がこれ）である。天が下界を監視するというのは（それに応じた）命を与えて（彼らを）地上に集めたことにほかならない。（だから）草や木の性に従えば、生命は宿しているが好悪の感情は宿していない。禽獣の性に従えば、好悪の感情は宿しているが、礼義（の道徳性）は宿していない。（けれども）人の性に従えば、ひときわすぐれてその仁義（の徳）を好むことを知るのである。万物がそのように生命を受け（て生まれ）ているのに従わないのであればいざしらず、一旦従えば（その物が宿している性質を認知し）得ることになる。これこそは（他の物と）方べたからにほかならない。だから万物の（宿している）性質を方べてみて、人だけが仁・義（の徳）を宿していることを知るのは、進んだことである。

（『詩』大雅・文王篇に）「（人である）文王が（天の高みにまで）昇り、天界で輝いている」というのはこのことを言うのである。文王は耳や目の性質を推尋して、それが声色や色合いを好むことを知った。鼻や口の性質を推尋して、それがかぐわしい匂い・美味しい物を好むことを知った。手や足の性質を推尋して、それが物を持ったり歩いたりすることを好むことを知った。心の性質を推尋して、ひときわすぐれてそれが仁義（の徳）を好むことを知った。だから仁義（の徳）を手にしたまま失うことはなく、仁義（の徳）に親しんでそこから離れることはなかった。だから（文王は人でありながら）超然と（進み、）天の高みにあらわれて、（その徳が）天下にあきらかとなったのである。（そうなったのには）外に理由があるわけではない。方べて見たのである。人の体（のすべての器官）を方べて、（心が）仁義（の徳）を好んでいるというそのことよりも貴いものがないことが分かったのは、進めたことにほかならない。

説二十四

辟(一)而知之、胃之進之、弗辟也、辟則知之矣。知之則進耳。

辟丘之與山也、丘之所以不〔如(二)〕名山者、不責也。(三)舜有仁、我亦有仁。而不如舜之仁、不責也。舜有義、而我〔亦有義〕。而不如舜之義、不責也。辟比之而知吾所以不如舜、進耳。

辟《たと》（譬）えて之を知る、之を之を進むと胃（謂）うとは、辟（譬）えざるや、辟（譬）うれば則ち之を知る。之を知るは則ち進むのみ。

丘と山とを辟（譬）うれば、丘の名山に如かざる所以の者は、責《つ》（積）まざればなり。舜に仁有りて、我も亦仁有り。而るに舜の仁に如かざるは、責（積）まざればなり。舜に義有りて、我も亦義有り。而るに舜の義に如かざるは、責（積）まざればなり。之を辟（譬）比して吾の舜に如かざる所以を知るは、進むのみ。

【注釈】

（一）辟――経二十四、注（一）参照。

（二）如――国家文物局古文献研究室は一字の欠字のまま残すが池田知久氏に従って補った（前掲書、五二七頁）。

（三）辟丘之…不責也――魏啓鵬氏はこの文に類似する例として『荀子』儒效篇の「故聖人也者、人之所積也。人積耨耕而為農夫、積斲削而為工匠、積反貨而為商賈、積禮義而為君子」を引く（前掲書、七一頁）が、これも帛書が『荀子』から影響を受けた一例である。

【口語訳】

「（他の物に）たとえて（重ね合わせ、互いの違いを見いだすことからそのものの特質を）認知することを進めるという」とは、たとえ（て重ね合わさ）ないのであればいざしらず、いったんたとえ（て重ね合わせ）たならば（そこに生ずる差異からそのものの特質を）認知することである。認知するというのは進んだことである。

丘（陵）を山（岳の大きさ）に（重ねて）たとえた場合、丘（陵）が名山に及ばないことになる理由は、（土石を）積み上げないからである。舜に仁（の徳）があり、私にも仁（の徳）がありながら、私の仁（の徳）が舜の仁（の徳）に及ばないのは、（その徳を）積み上げないからである。舜に義（の徳）があり、私にも義（の徳）がありながら、私の義（の徳）が舜の義（の徳）に及ばないのは、（その徳を）積み上げないからである。たとえて比較するの方法を用いて私が舜に及ばない理由を認知するのは、進んだということである。

説二十五

榆[一]而〔知〕之、胃之進〔之〕、弗榆也、榆則知之〔矣〕。知之則進耳。榆之也者、自所小好榆虖所大好。茭芍〔淑女、唔〕眛求之、思色也。求之弗得、唔眛思伏、言亓急也。繇才、婘槫反廁、言亓甚〔急也。急〕[二]、如此亓甚也、交諸父母之廁[三]、爲諸[四]。則有死弗爲之矣。交諸兄弟之廁、亦弗爲也。交〔諸〕邦人之廁、亦弗爲也。〔畏〕父兄、亓殺畏人、禮也[五]。繇色榆於禮、進耳。

榆（喩）して之を知る、之を之を進むと胃《い》（謂）うとは、榆（喩）せざるや、榆（喩）せば則ち之を知る。之を知るは則ち進むのみ。

之を榆（喩）すとは、小しく好む所に自り大いに好む所を榆（喩）するなり。茭（窈）芍（窕）たる淑女、唔（寤）眛（寐）之を求むとは、色を思うなり。之を求めて得ざれば、唔（寤）眛（寐）思伏すとは、亓《そ》の急なるを言うなり。繇（悠）なる才《かな》（哉）、繇（悠）なる才《かな》（哉）、婘槫（轉）として反廁（側）すとは、亓の甚だ急なるを言うなり。急なること、此の如く亓れ甚しきも、諸《これ》に父母の廁（側）に交わるは、諸を爲さんか。則ち死有るも之を爲さざるなり。諸に兄弟の廁（側）に交わるも、亦爲さざるなり。諸を邦人の廁（側）に交わるも、亦爲さざるなり。父兄を畏れ、亓れ殺《そ》いで人を畏るるは、禮なり。色繇（由）り禮を榆（喩）するは、進むのみ。

【注釈】

（一）榆——経二十五、注（二）参照。

（二）急也。急——国家文物局古文献研究室は三字欠字のままにしておくが、池田知久氏によって補った（前掲書、五四〇頁）。

（三）交——帛書整理小組・龐朴氏（前掲書、六五頁）・魏啓鵬氏（前掲書、七二頁）が等しく言うように、「交」とは「交合」「性交」の意である。

（四）爲諸——文末の「諸」で、反切でいえば「之乎の反」。「為之乎」をつづめた句形である。

（五）畏父兄……人、禮也——ここは説十四の「㤅父、亓殺㤅人、仁也」と同じ句型。その場合の「殺」を国家文物局古文献研究室は「殺是差、減之意。与繼字義近」という（前掲書、二五頁）。

【口語訳】

「（少しでも興味を抱いていることを大いに興味を抱いていることに）例を取って（自分のすべきことを）認知するのを進めるという」とは、例を取らないのであればいざしらず、いったん例を取ったならば（自分のすべきことを）認知する。認知するというのは進んだことを言うのである。

例を取るとは、少しでも興味を抱いている事柄により（それを）大いに興味を抱いている事柄に例を取るということである。（『詩』周南・関雎篇に）「麗しい淑女、寝ても覚めても求め続ける」というのは、その（色事を求める様子が）さしせまっていることをいうのである。「求めて得ぬには、寝つつ覚めつつ思いを焦がす」というのは、色事を思うことである。「思い焦がれて、寝返りをうつ」とはその甚ださしせまっていることをいうのである。さしせまった様子がこのように甚だしくても淑女とその父母の前で媾合《まぐわ》うことをするであろうか。死すともなし得ぬことである。（同様に）淑女と兄弟の傍らで媾合うこともなし得ぬことであり、国人の傍らで媾合うこともまたなし得ぬことである。父母・兄弟を畏れ、そのつぎに畏れる程度を減らして国人を畏れるのは、礼（の意識）である。色事（に対する関心）に例を取り、礼（がどういうものであるか）を認知するのは、進むことである。

説二十六

鐖(一)而知之、天也、鐖也者、齎數(二)也。唯有天德者、然笱鐖而知之。
上帝臨女、毋潱壐心(三)、上帝臨女、〔言〕(四)鐖之也。毋潱壐心、俱鐖之也。

鐖して之を知るは、天なりとは、鐖とは、數を齎《も》つなり。唯だ天徳有る者にして、然る笱《のち》（后）に鐖して之を知る。
上帝　女《なんぢ》（汝）に臨む、壐（爾）の心を潱《ふた》（貳）つにする毋かれとは、上帝　女（汝）に臨むとは、之を鐖せしむるを言うなり。壐（爾）の心を潱（貳）つにする毋かれとは、倶に之を鐖せしむるなり。

【注釈】

（一）鐖――経二十六、注（一）参照。

（二）齎數――「數」は池田知久氏が『呂氏春秋』高注・『管子』尹注によって例証するように「道数」「道理」の意（前掲書、五五三頁）。「齎」は帛書整理小組が「齎、持也」といい、魏啓鵬氏もこれを支持する（前掲書、七四頁）。これに従う。

（三）上帝臨……潱壐心――『詩』大雅・大明篇の文。詩の意味は帛書のコンテキストでいけば「天が汝の心を洞察し見透かしているから、汝は二心を抱いてはならぬ」の意である。

（四）言――国家文物局古文献研究室は一字の欠字とするが、池田知久氏によって補った（前掲書、五五五頁）。

【口語訳】

「（深く）洞察して（そのものを）認知するのは天である」とは、（深く）洞察するとは道理を有する者のことである。ただ天の徳を有する者にして初めて（深く）洞察して認知するのである。

「（『詩』大雅・大明篇に）『上帝はそなたを見据えている。そなたはふたごころを抱いてはならぬ』」というのは、「上帝がそなたを見据えている」とは、（深く）洞察して（心の中を）見透かしていることをいう。ふたごころを抱いてはならぬとは、（前の句と）ともに（天が深く）洞察して（そなたの心を見透かして）いることである。

説二十七

天生諸无（一）〈亓〉人、天也、天生諸亓人也者、如文王者（二）也。

亓人它者人也者、如文王之它者弘夭散宜生（三）也。

亓人它者人、不得亓人不爲法、言所它之者、不得如散宜生弘夭者也、則弗〔爲法〕矣。


天諸《これ》を无《そ》〈亓〉の人に生ずるは、天なりとは、天諸を亓の人に生ずとは、文王の如き者なり。

亓の人者《これ》（諸）を人に它（施）すとは、文王の者（諸）を弘夭・散宜生に它（施）すが如きなり。

亓の人者（諸）を人に它（施）せども、亓の人を得ざれば、法と爲さずとは、它（施）す所の者は、散宜生・弘夭の如き者を得ざれば、則ち法と爲さざるを言うなり。


【注釈】
（一）无――「亓」の字の誤り。
（二）文王――周王朝受命の開祖。古来聖人君主として仰がれ、『詩経』にもその盛徳が「文王在上、於昭乎天。…文王陟降、在帝左右」（大雅・文王篇）と詠われている。
（三）弘夭・散宜生――いずれも『尚書』君奭篇に見えていて、そこでは、文王に仕え、文王が中国を和睦させた際の功臣に数え上げられている。

【口語訳】

「天がこれ（ら仁・義・礼・智・聖の五徳）をその人に生じ（発現）させるのは天である」とは、天がこれら（仁・義・

礼・智・聖の五徳）をその人に生じさせ（発現させ）るというのは、文王のような人のことである。

「この（天が与えた五徳を発現させせえた）人がこれ（ら五徳）を（他の）人に施すのは人である」とは、文王がこれ（ら五徳）を弘夭や散宜生に施した場合である。

「その（五徳を発現しえた）人がこれ（ら五徳）を（他の）人に施そうとしてもそれにふさわしい人を得られないのであれば（その施しは）法（＝典範）とはなりえない」とは、これ（ら五徳）を施そうとする人に散宜生や弘夭のような人物を得られない場合には、法（＝典範）とすることができない、ということである。

說二十八

聞君子道而說者、好仁者也、道也者、天道也。言好仁者之聞君子道而以之亓仁也、故能說也。說者、刑也。

聞君子道而威(一)、好義〔者、言〕好義者也(二)之聞君子道而以之亓〔義也〕、故能威也。威者、刑也。

聞道而共、好禮者也。言好禮者之聞君子道而以之亓禮也、故能共。共者、刑也。

聞道而樂、有悳者也、道也者天道也。言好德者之聞君子道而以夫五也爲一也、故能樂也。樂者和。和者、悳也。


君子の道を聞きて說《よろこ》(悦)ぶ者は、仁を好む者なりとは、道なる者は天道なり。仁を好む者の君子の道を聞きて亓《そ》の仁に之《こころざ》(志)すを以ての故に、能く說(悦)ぶを言う。說(悦)ぶとは、刑《あら》(形)わるるなり。

君子の道を聞きて威あるは、義を好む者なりとは、義を好む者の君子の道を聞きて亓の義に之(志)すを以ての故に、能く威あるを言うなり。威あるとは、刑(形)わるるなり。

道を聞きて共《うやうや》(恭)しきは、禮を好む者なりとは、禮を好む者の君子の道を聞きて亓の禮に之(志)すを以ての故に、能く共(恭)しきを言う。共(恭)しきとは、刑(形)わるるなり。

道を聞きて樂しむは、悳(德)有る者なりとは、道なる者は天道なり。德を好む者の君子の道を聞きて夫の五を以て一と爲す、故に能く樂しむを言う。樂しむとは和なり。和とは、悳(德)なり。


【注釈】

(一)威――経二十八では「畏」に作る。国家文物局古文献研究室は「威」を「畏」の仮借字とみるが採らない。「威」は威厳の意で、「義」

の徳の獲得に志しを立てた者がその過程で必然的に帯びることになる風格を指す、とみるべきである。

（二）好義者、言好義者也――「義」の前後の「仁」「礼」がいずれも「好仁者也、道也者天道也。言好仁者…」「好禮者也。言好禮者…」といわれることから本来「好義者、言好義者也……」に作るべきである。その意味で池田知久氏が「者、言」の二字を奪字と考えて補う（前掲書、五八二頁）のは正しい。

【口語訳】

「君子の道を聞いて悦ぶ者は仁（の徳）を好む者である」とは、道というのは天道のことである。仁（の徳）を好む者が君子の道（の偉大さ）を聞くとその仁（の徳の獲得）に志しを立てるから、悦ぶようになることを言うのである。悦ぶとは（仁の徳が心に）発現してくることである。

「（君子の）道を聞いて威儀が備わるようになるのは義を好む者である」とは、義を好む者が君子の道（の偉大さ）を聞くとその義（の徳の獲得）に志しを立てるようになるから、威儀が備わるようになることを言うのである。威儀が備わるというのは（義の徳が）発現してくることである。

「（君子の）道を聞いて恭しくなるのは礼を好む者である」とは、礼を好む者が君子の道（の偉大さ）を聞くとその礼（の獲得）に志しを立てるようになるから、恭しくできることを言う。恭しいというのは（礼の徳が）発現することである。

「（君子の）道を聞いて楽しみの境地に至るのは徳が備わった者である」とは、道というのは天道のことである。徳を好む者が君子の道を聞くと（仁・智・義・礼・聖の）五（徳）を（調和して）一つに（同化）するから楽しみの境地に至ることを言う。楽しみの境地とは調和することである。調和するとは徳がそなわった（境地の）ことである。

郭店楚簡五行篇釈文

（本文は湖北省荊門市博物館編『郭店楚墓竹簡』文物出版社、一九九八年に掲載される釈文を基にして、竹簡の断欠部分に荊門市博物館の注及び馬王堆「帛書五行篇」の経の文章を参照して字を補い、作成した。（　）内の数字は、馬王堆「帛書五行篇」ではどこに属するかを示している。）

五経：悬（仁）型（形）於内、胃（謂）之悳（德）之行、不型（形）於内、胃（謂）之行。義型（形）於内、胃（謂）之悳（德）之行、不型（形）於内、胃（謂）之行。豊（禮）型（形）於内、胃（謂）之悳（德）之行、不型（形）於内、胃（謂）之〔行。智型〕於内、胃（謂）之悳（德）之行、不型（形）於内、胃（謂）之行。聖型（形）於内、胃（謂）之悳（德）之行、不型（形）於内、胃（謂）之悳之行。悳（德）之行五。和、胃（謂）之悳（德）。四行和、胃（謂）之善。善、人道也。悳（德）、天道也。（以上、経一）

君子亡审（中）心之𢝊（憂）、則亡审（中）心之智。亡审（中）心之智、則亡审（中）心〔之説〕。亡审（中）心〔之説則不〕。不安則不藥（樂）。不藥（樂）則亡悳（德）。（以上、経二）

五行皆型（形）于内而時行之、胃（謂）之君〔子〕。士又（有）志於君子道、胃（謂）之時（士）。（以上、経三）

善、弗爲亡近。悳（德）、弗之（志）不成。智、弗思不得。思、不清不𧦝。思、不倀（長）不型（形）。不型（形）不安。不安不藥（樂）。不藥（樂）亡悳（德）。（以上、経四）

不悬（仁）、思不能清。不智、思不能倀（長）。不悬（仁）不智、未見君子、𢝊（憂）心不能惙惙。既見君子、心不能兌（悦）。亦既見止（之）、亦既詢（覯）止（之）、我心則〔兌〕。此之胃（謂）〔也〕。〔不〕息（仁）、思不能清。不聖、思不能翌（輕）。不息（仁）不智、未見君子、𢝊（憂）心不能㣑（忡）㣑（忡）。既見君子、心不能降。（以上、経五）

息（仁）之思也清。清則諓。諓則安。安則悃（温）。悃（温）則兌（悦）。兌（悦）則𢢽（戚）。𢢽（戚）則新（親）。新（親）則悉（愛）。悉（愛）則玉色。玉色則型（形）。型（形）息（仁）。智之思也倀（長）、倀（長）則得。得則不亡（忘）。不亡（忘）則明。明則見臤（賢）人。見臤（賢）人則玉色。玉色則型（形）。型（形）則智。聖之思也翌（輕）、翌（輕）則型（形）、形（形）則不亡（忘）。不亡（忘）則聰。聰則䎽（聞）君子道。䎽（聞）君子道則玉音。玉音則型（形）則聖。（以上、経六）

要（淑）人君子、其義（儀）罷（一）也。能爲罷（一）、肰（然）句（後）能爲君子、訢（慎）其蜀（獨）也。〔瞻望弗及〕、淇（泣）涕女（如）雨。能遟沱（池）其羿（羽）、肰（然）句（後）能至哀。君子訢（慎）其〔獨也〕。（以上、経七）

〔君〕子之爲善也、又（有）與司（始）。又（有）與冬（終）也。君子之爲惪（德）也、〔有與始无與〕終也。（以上、経八）

金聖（聲）而玉晨（振）之、又（有）惪（德）者也。金聖（聲）、善也。玉音、聖也。善、人道也。惪（德）、而〈天〉〔道也。唯〕又（有）惪（德）者、肰（然）句（后）能金聖（聲）而玉晨（振）之。（以上、経九）

不聰不明。不聖不智。不智不息（仁）。不息（仁）不安。不安不樂。不樂亡惪（德）（以上、経十三）。

不㝵（變）不兌（悦）。不兌（悦）不𢢽（戚）。不𢢽（戚）不新（親）。不新（親）不悉（愛）。不悉（愛）不息（仁）。

（以上、経十）

不悳（德）不遙。不遙不果。不果不柬（簡）。不柬（簡）不行。不行不義。（以上、経十一）

不賰（遠）不敬。不敬不嚴。不嚴不障（尊）。不障（尊）不共（恭）。不共（恭）亡豊（禮）。（経十二）

未尚（嘗）沓（聞）君子道、胃（謂）之不聰。未尚（嘗）見臤（賢）人、胃（謂）之不明。沓（聞）君子道而不智（知）其君子道也、胃（謂）之不聖。見臤（賢）人而不智（知）其又（有）悳（德）也、胃（謂）之不智。見而智（知）之、智也。沓（聞）而智（知）之、聖也。明明、智也。虖（虩）虖（虩）、聖也。明明才（在）下、虖（虩）虖（虩）才（在）上、此之胃（謂）也。（以上、経十七）

沓（聞）君子道、聰也。沓（聞）而智（知）之、聖也。聖人智（知）而〈天〉道也。智（知）而行之、義也。行之而時、悳（德）也。見臤（賢）人、明也。見而智（知）之、聖也。智（知）而安之、𢟪（仁）也。安而敬之、豊（禮）也。聖智禮藥（樂）之所𣪊（由）生也。五〔行之所和〕也。和則藥（樂）。藥（樂）則又（有）悳（德）。又（有）悳（德）則邦家（家）舉。文王之見也女（如）此。文〔王在尚於昭〕于而〈天〉、此之胃（謂）也。（以上、経十八）

見而智（知）之、智也。智（知）而安之、𢟪（仁）也。安而行之、義也。行而敬之、豊（禮）也。𢟪（仁）義豊（禮）所𣪊（由）生也、四行之所和也。和則同。同則善。（以上、経十九）

顏色伀（容）佼（貌）悃（温）、卓（變）也。以其中（中）心與人交、兑（悦）也。中（中）心兑（悦）、蚤舋於兄弟、禀（戚）也。禀（戚）而信之、新（親）。新（親）而篙（篤）之、炁（愛）也。炁（愛）父、其攸（攸）炁（愛）人、𢟪（仁）也。（以上、経十四）

宙（中）心誃（辯）肰（然）而正行之、悳（直）也。悳（直）而述（遂）之、迻也。迻而不畏彊（强）語（禦）、果也。不以少（小）道麦大道、柬（簡）也。又（有）大辠（罪）而大豉（誅）之、行也。貴貴、其止（等）障（尊）臤（賢）、義也。（以上、経十五）

以其外心與人交、遠也。遠而猶之、敬也。敬而不卸、嚴也。嚴而畏之、障（尊）也。障（尊）而不喬（驕）、共（恭）也。共（恭）而専（博）交、豊（禮）也。（以上、経十六）

不柬〈柬（簡）〉、不行。不匿、不〓（辨）於道。又（有）大辠（罪）而大豉（誅）之、柬〈柬（簡）〉也。又（有）少（小）辠（罪）而亦（赦）之、匿也。又（有）大辠（罪）而大豉（誅）也、不〔行〕也。又（有）少（小）辠（罪）而弗亦（赦）也、不〓（辨）於道也。柬〈柬（簡）〉之爲言猷（猶）練也。大而晏者也。匿之爲言也猷（猶）匿匿也。少（小）而訪〈診（軫）〉者也。柬〈柬（簡）〉、義之方也。匿、悬（仁）之方也。彊（剛）、義之方。矛（柔）、悬（仁）之方也。不彊不梂、不彊（剛）不矛、此之胃（謂）也。（以上、経二十）

君子集大成。能進之為君子、弗能進也、各止於其里。大而晏者、能又（有）取安（焉）。少（小）而軫者、能又（有）取安（焉）。疋膚膚達者君子道、胃（謂）之臤（賢）。君子智（知）而與（舉）之、胃（謂）之障（尊）臤（賢）。智（知）而事之、胃（謂）之障（尊）臤（賢）者也。後、士之障（尊）臤（賢）者也耳。（以上、経二十一）

目鼻口手足六者、心之逷也。心曰唯、莫敢不唯。如（諾）、莫敢不如（諾）。進、莫敢不進。後、莫敢不後。深、莫敢不深。〓莫敢不〓。和則同、同則善。（以上、経二十二）

目而智（知）之、胃（謂）之進之。（以上、経二十三）

窬〈喩〉而智（知）之、胃（謂）之進之。（以上、経二十五）

辟（譬）而智（知）、胃（謂）之進之。（以上、経二十四）

幾而智（知）之、天也。上帝賢女（汝）、毋貳爾心、此之胃（謂）也。（以上、経二十六）

大陸（施）者（諸）其人、天也。其人陸（施）者（諸）人、儘也。（以上、経二十七）

耆（聞）道而兌（悦）者、好㤅（仁）者也。耆（聞）道而畏者、好義者也。耆（聞）道而共（恭）者、好豊（禮）者也。耆（聞）道而讐（樂）者、好悳（德）者也。（以上、経二十八）

九主篇

第一節（一）

湯用伊尹（二）、既放夏桀以君天〔下〕（三）。伊尹爲三公、天下大平。湯乃自吾、吾至伊尹（四）、乃是亓能、吾達伊尹（五）。伊尹見之、□〔胃〕於湯曰、者侯時有讎罪（六）、過不在主。干主之不明、虐（七）下蔽上□法亂常、以危主者、恒在臣。請明臣法、以繩適（八）臣之罪。湯曰、非臣之罪也。主不失道、□□□□□□□〔明〕（九）主法以繩適主之罪。乃許伊尹。

湯 伊尹を用い、既に夏の桀を放ち以て天下に君たり。伊尹 三公と爲りて、天下大《たい》（太）平《へい》なり。湯乃ち自ら吾《ぎょ》（御）し、吾《ご》（五）たび伊尹を至《いた》（致）さんとして、乃ち亓《そ》の能を是《ぜ》とし、吾（五）たび伊尹を達《すす》〈進〉む。伊尹 之に見《まみ》え、……湯に胃《い》（謂）いて曰く、者《しょ》（諸）侯《こう》時に讎罪有るも、過ちは主に在らず。主の不明を干し、下を虐《ぎょ》（御）し上を蔽《おお》（蔽）い……法常を亂し、以て主を危うくする者は、恒に臣に在り。請う、臣法を明らかにし、以て適（謫）臣の罪を繩さんと。湯曰く、臣の罪に非ざるなり。主 道を失わざれば、……………主法を明らかにし以て適（謫）主の罪を繩さんと。乃ち伊尹に許す。

【注釈】

（一）「九主篇」の釈文は原則として国家文物局古文献研究室編『馬王堆漢墓帛書〔壹〕』（文物出版社、一九八〇年三月）により、文字の判読・解釈については他の論考を参照して改めたところがある。その都度注記する。また、内容については浅野裕一氏（「伊尹九主の政治思想」『島大国文』第一二号、一九八三年一〇月）・二松学舎大学馬王堆漢墓出土帛書研究会編『馬王堆漢墓出土老子甲本巻後古佚書九主篇』訳注（一）～（四）（一九九三年～一九九五年）により十五節に分けることとする。なお、二松学舎大学馬王堆漢墓出土帛書研究会編『馬王堆漢墓出土老子甲本巻後古佚書九主篇』訳注（一）～（四）は、各担当者の意見を無修正に掲載したものであるらしく、全部を通観した場合に意見の不統一がある。渡辺賢氏によってその後全篇の統一が図られているが（渡辺賢編「『馬王堆漢墓帛書老子甲本巻後古佚書九主篇』訳注」『中国出土資料研究』創刊号、中国出土資料研究会、一九九七年三月）、本書が二松学舎大学馬王堆帛書研究会の意見を引用するときには各担当者の名前によることを原則にする。

（二）湯用伊尹——伊尹、名は阿衡。湯王の家臣。湯王のブレーン・トラストの代表格で、殷王朝の建国に功績があった。伊尹が湯王に仕えることになった経緯について『史記』殷本紀は二説を掲げる。一つは「阿衡欲奸湯而無由。乃為有莘氏媵臣、負鼎俎、以滋味説湯、致于王道」、つまり伊尹は始め湯王に仕えようとしたがすべがなく、有莘氏の媵臣（嫁いで行く嫁に従う下賎な臣）となり、有莘氏の娘が湯に嫁いだ折り鼎と俎を背負って湯王の下に行き、うまい料理を作って湯王の歓心を買い、それで湯王の家臣となり湯王に王道を説くことができた。もう一つは、「伊尹処士、湯使人聘迎之、五反然後肯往従湯、言素王及九主之事。湯挙任以国政」、すなわち伊尹は処士として野に隠れていたが、それを湯王が見い出し、使者を遣わし幣物を送って彼を迎えようとしたが、そうしたことが五回ほどあってようやく伊尹は湯王に従い、湯王に素王のこと・九主のことを説いた、というのである。帛書「九主篇」の問答は後者のエピソードを典拠とする。

（三）天下——国家文物局古文献研究室は「天」字の下に「下」の字を脱すという（前掲書、三一頁注二）。

（四）自吾、吾至——国家文物局古文献研究室は「自吾」の「吾」を「御」の字に、「吾達」の「吾」を「五」と読むべきではないかという（前掲書、三一頁注三）。「吾達」「吾至」の「吾」が「五」であることは『史記』殷本紀（注二）の文に拠って確認できる。

（五）達——帛書整理小組は「進」に作り、凌襄（李学勤のペンネーム、以下注記しない）氏（「試論馬王堆漢墓『伊尹・九主』」『文物』一九七四年第一一期）・厳一萍氏（「伊尹九主」『帛書竹簡』芸文印書館、一九七六年三月、三頁）・国家文物局古文献研究室（前掲書、二九頁）はいずれも「達」に作り、篠田幸夫氏は「達」が正しいとする（二松学舎大学馬王堆漢墓出土帛書研究会編前掲書（一）二一頁）。浅野裕一氏は「達」に作り「すすむ」と読む（前掲浅野論文）が、浅野氏のように「達」は「進」の訛誤とみるべきであろう。

（六）讎罪——凌襄氏は「讎」は「稠」の仮借字で「多」の意であるとするが（凌氏前掲論文）、国家文物局古文献研究室のいうように「讎」は「咎」と読むべきであろう（前掲書、三一頁注四）。これに従う。

（七）虐——国家文物局古文献研究室は音が近いことから「御」に通ずといい、『史記』范雎篇の「御下蔽上」を傍証とし、凌襄氏は「逌」であるといい（前掲論文）、『鶡冠子』近佚篇の「逌下蔽上」を傍証とする（その場合、「逌」の意味は陸佃の解に「逌之言干也」

というように「おかす」となる)。いずれも通ずる。

(八)適——は国家文物局古文献研究室に従って「讁」に読むべきである。また、国家文物局古文献研究室は「適」を上の「縄」の字に続け「縄讁」を一詞とし「縄責」の意に解す(前掲書、三一頁注六)るが、おそらくは裘錫圭氏のいうように「適」は下の「臣」に繋いで「適臣」と読むべきで、それは「九主篇」の「法君」「法臣」に対するであろう(「読簡帛文字資料札記」『簡帛研究』第一輯、法律出版社、一九九三年十月)。

(九)明主法——国家文物局古文献研究室は「主法」の上は欠字のままに残すが、篠田幸夫氏は上文の「明臣法」と対をなすことから「□主法」の欠字部分には「明」が入るとする(二松学舎大学馬王堆漢墓出土帛書研究会編『馬王堆漢墓出土老子甲本巻後古佚書九主篇』訳注(一)一八頁)。妥当であろう。

【口語訳】

(殷の)湯(王)は伊尹を登用し、夏の桀(王)を追放して天下に(王として)君臨した。伊尹は三公の地位に就き、天下は太平の様相を呈した。

(伊尹を登用して湯王はついに天下に君臨できたのであったが、湯王が伊尹を臣下として登用するには次のような経緯があった。)湯は(まだ一諸侯にすぎなかった時に)自ら馬を御して五回ほど伊尹の下を訪れ、(そのたびに)彼の有能ぶりに感服し、(都合)五回も伊尹を臣下に招こうとしたのである。伊尹は(やって来て)湯に見えて言った。「諸侯は時折り咎められ罰せられるべき罪科がありますが、(その)過失(の責め)は君主にはございません。君主の不明に付け込み、民衆を操り君主(の眼)を覆い隠し、法を……して常態を混乱させ、延いては君主を危うくさせるのは、いつの場合も臣下であります。どうか臣たる者の法を明確にされ、その上で(その専横が咎めらるべき)讁臣の罪を糾弾されますよう。」湯は(答えて)言った。「臣下たる者の罪ではない。君主たる者が道を(弁えて)失うことがなければ、…………君主たる者の法を明確にし、その上で(その暴虐が咎めらるべき)讁主の罪を糾弾すべきであろう。」そこで(湯は)伊尹の願い出を許し(改めて、道を失った君主のたちの糾弾を命じ)た。

第二節

伊尹受令於湯、乃論海内四邦□□□□□□□圖、□智存亡若會（一）符者、得八主。八主適惡（二）。剸授之君（三）一、勞（四）〔君一、半（五）〕君（六）一、寄（七）〔主〕一、破邦之主（八）二、威社之主（九）二。凡與法君爲（一〇）九主。從古以來、存者亡者、□此九已。九主成圖、請效之湯。湯乃延三公、伊尹布圖陳笯（一一）、以明法君法臣（一二）。

伊尹は令（命）を湯より受け、乃ち海（海）内四邦を論じて…………………圖、存亡を智（知）ること符を會わすが若き者、八主を得たり。八主は適（謫）惡なり。剸（專）授の君一、勞君一、半君一、寄主一、邦を破るの主二、社を威《ほろ》（滅）ぼすの主二。凡《す》べて法君と九主と爲す。古えより以來、存する者・亡ぶる者、……此の九のみ。九主 圖を成し、之を湯に效《いた》さんことを請う。湯は乃ち三公を延き、伊尹は圖を布き、笯（策）を陳《なら》べ、以て法君・法臣を明らかにす。

【注釈】

（一）會――国家文物局古文献研究室は「会、合也」という（前掲書、三一頁注七）。一致する様子が符節を合わせるかのようである、ということ。

（二）適惡――適は「謫」の意。「謫惡」とは、咎められるべき悪人の意であろう。

（三）剸授之君――剸授の「剸」は凌襄氏のいうように「專」の仮借字であって、『史記』呉世家の「專諸」の索隠に「一作剸」と見える通りである（凌氏前掲論文。なお河図洛書出版社編集部も凌襄氏と全く同一の見解を示しているが、これは河図洛書出版社編集部が凌襄氏の説をそのまま書籍として出版したためで、以下では全て凌襄説として引用する）。「專授の君」とは「勝手に自己の権限を臣下に授与する者」のことで、帛書はこうした君主がその後臣下や民衆との間にどのような関係を築くことになるかを視座にして、更にこれを以下の「労君」「半君」「寄主」「破邦の主」「滅社の主」に分類し、その性格を説明することになる。

（四）勞君——第九節に見え、「専授の君」の中でも自己の誤りに気づく賢明さを有するが、それでもなおその誤りを是正できないままに臣下の職務も兼ねて遂行し、職務加重に陥り、困窮する君主のことである。
（五）君一、半——国家文物局古文献研究室（前掲書、三一頁注九）によって補った。
（六）半君——第十二節に見え、「専授の君」の中でも自己の誤りに気づかずついに国権の半分を臣下に牛耳られ、国の行く末が極めて案じられる君主のことである。
（七）寄——国家文物局古文献研究室（釈文、注九）の言うように下に「主」の一字を補うべきである。「寄主」については第十三節に見え、「半君」のような状況に陥ってもまだ自己の誤りに気づかず、自分の権力を凌ごうとする奸臣に国政を委ね続ける君主のことをいう。
（八）破邦之主——第十四節で説明される。「専授の君」でありながらその誤りに気づかず、臣下と共同して民を弾圧し、その結果民からの信頼を失うことになる。と同時に、臣下の中から君主に代わる権力者の台頭を許し、民の信頼が彼に向けられて、ついには君主と臣下の立場の逆転をもたらして、国を破滅に導こうとする君主のことである。
（九）威社之主——第十節で説明される。「専授の君」の中で最も暗愚な君。その誤りに気づくことなく、やたら威嚇することで臣下を従わせようとし、臣下も君主に倣って民衆を苦しめて、その結果民衆の反感や逃亡を招いて国体を瓦解させ、武力による攻撃を待つことなくその国の社稷までも滅ぼしてしまう君主のことである。
（一〇）法君——第三節に見える。天地の営みの規律に則って臣下を従わせ、民を支配する者のこと。君主の指揮系統は臣から民へと一元的に下降し、その間に何の障碍もない支配形態を特徴とする。
（一一）笇——国家文物局古文献研究室は帛書乙本『老子』道経の「籌策」の「策」がこの字に作られることから「策」字に解し、策は「算策」のことである、という（前掲書、三一頁注十一）。
（一二）法臣——法君と同様、天地の営みの規律を体現し、「法君」に仕え「法君」の支配をそのままに臣下や民衆に推し及ぼして君主の一元的支配を完成させる者のことである。

【口語訳】

伊尹は湯から命令を受けると海内の四方の国々の事を論じ、……………………図、（その国が）存続するか滅亡するかという状況が符節を合わせたかのように（明白に）なっている八人の君主が分かった。（その）八人の君主は（すべて）咎められるべき悪人であった。専授の君が一人、労君が一人、半君が一人、寄主が一人、国を破滅させる君主が二人、社稷（国家の祭神）までも滅ぼしてしまう君主が二人（がその八人）。都合、法君と併せて九人の君主である。昔から、存続する者と滅亡する者とにはこの九人（のタイプ）の者がいる。（そこで伊尹は）湯にこの九人の図を描いて出来上がったものを差し出したいと申し出た。湯はそこで三公を召し出し、伊尹は（完成した）図を（彼らの前に）敷き並べ（図を解説した）簡策を並べて、法君・法臣（とみなされる人物がどのような者達であるか）を明らかにしたのである。

第三節

法君者、法天地之則者。志[一]曰天。曰〔地〕[二]。曰四時。復生萬物。神聖[三]是則、以肥天地。禮數四則[四]。曰天綸。唯天不失企[五]。四綸〔成〕[六]則。古今四綸、道數[七]不代。聖王是法、法則明分。后[八]曰、天企何也。伊尹對曰、天企无〔名〕[九]。復生萬物。生物不物。莫不以名、不可爲二名。此天企也。

法君とは、天地の則に法る者なり。志に曰く、天。曰く、地。曰く、四時。萬物を復（覆）生す。神聖は是れ則り、以て天地に肥《はい》（配）す。禮の數に四則あり。曰く天綸と。唯だ天のみ企（法）を失わず。四綸　則を成す。古今四綸は、道數代《たが》（忒）わず。聖王是れ法り、法り則って分を明らかにす。后《きみ》曰く、天の企（法）とは何ぞやと。伊尹對えて曰く、天の企（法）名无し。萬物を復（覆）生す。物を生じて物たらず。以て名いわざるは莫く、二名を爲す可からず。此れ天の企（法）なりと。

【注釈】

（一）志——国家文物局古文献研究室は「志」とは某種の古書を指すという（前掲書、三一頁注十二）。

（二）地——国家文物局古文献研究室に従い「地」の字を補う（前掲書、三一頁注十二）。

（三）神聖——芳賀良信氏は『管子』覇言篇の「夫使国常無患而名利並至者神聖也、云々」を根拠に、この場合の神聖とは君主を指すという（二松学舎大学馬王堆漢墓出土帛書研究会編前掲書、（一）三九頁）。従うべきである。

（四）四則——国家文物局古文献研究室は、天・地・四時・万物の則を指すという（前掲書、三二頁注一三）。これに従う。

（五）企——凌襄（前掲論文）・魏啓鵬氏（「前黄老形名之学的珍貴佚篇—読馬王堆漢墓帛書『伊尹・九主』」『道家文化研究』第三輯、上

海古籍出版社、一九九三年八月）は「企」と読んで「法」の字に解し、企は法の古文であるとする。これに対し国家文物局古文献研究室は「乏」と読んで「範」の意に解す。けれども、魏啓鵬氏によれば「乏」の字は同じく馬王堆漢墓第三号墓から出土した老子乙本巻前古佚書『十六経』「正乱」では「人」と「企」から作られ、「九主篇」が「ノ」と「企」からなるのとは明確に異なるという。しばらく淩・魏両氏の説に従う。

（六）成――国家文物局古文献研究室は「綸」の下の「成」は帛書の復元の作業中、他所から混ざったものとして欠字にする（前掲書、三二頁注十五）が、文脈上あった方がよい。

（七）道數――国家文物局古文献研究室は『荀子』天論篇の「天有常道矣。地有常数矣」を「道数」の例として示す（前掲書、三二頁注十六）。これにより、帛書の「道数」を「（天地）自然界の定め」と解しておく。

（八）后――ほとんどの研究者が固有名詞とみなしそのままに残しているが、篠田幸夫氏が指摘するように、『爾雅』釈詁上に「后、君也」とあることから湯王を指すとみるべきである〔二松学舎大学馬王堆漢墓出土帛書研究会編前掲書（三）三二頁〕。帛書は湯と伊尹のやりとりを夏の桀王討伐以前のこととしたまま湯が夏の桀王を討って王となったことを記さずに、いきなりここで「后曰」としているが、それは帛書の著者が時間の経緯を正確に表すことよりも、ここでの湯の発言を「后」と王者資格において記すことに意を注いだところから生じた過誤であろう。

（九）名――国家文物局古文献研究室により補う（前掲書、三二頁注十七）。

【口語訳】

法君とは天地の（いとなみの）規律に則（って行動す）る者（のこと）である。古書には、天といい、地といい、四時（春・夏・秋・冬）という。それらは万物を覆い生み出すのであり、神聖（と評されるすぐれた君主）はこれ（＝天地の規律）に則って、（その徳が）天地にも比擬されるのである。礼の定めには（天・地・四時・万物の）四つの準則が存在し、（それをまとめて）天綸と呼ぶ。ただ天（のいとなみ）だけが（永久に）法則（としての性質）を失うことがない（から天綸の名で括られる）。（その天・地・四時・万物から派出する）四つの秩序は（天地のいとなみの）規律となる。古今（天・地・四時・万物から派出する）四つの秩序は（天地）自然界の定めとして外れることはなく、聖王（と崇められる君主）もこの自然界の定めに則り、（各階層の人も聖王に倣って自然界の定めに）則り法って（各々が有する）本分を明らかにするのである。湯王が（尋ねて）言った。「天の法則とは何のことか」。伊尹は答えていう、「天の法則には名づけ得るものがありません。万物を覆い生み出します。（けれども）物を生み出しても、物のままにしておくことはありません。（全ての物に）名を与えている（というもう一つの作用も有しています）が、（だからといって、天の法則性を「物を生み出す」「物に名づける」という両面から捉えて）二つの名前で呼ぶことはできないのであります。これが天の法則ということです」と。

第四節

后曰、大矣才。大矣才。不失企。法則明分、何也。伊尹對曰、主法天、佐法地、輔臣法四時、民法萬物。此胃法則。天復地載、生・長・收・臧、分四時。(一) 故曰、事分在職臣。是故受職□□〔臣〕分□□□□□臣分也。有民、主分。以无職并恥有職、(二) 主分也。恥□□敬□□誘□分〔也。此〕(三) 之胃明分。分名曁定、法君之佐、佐主无聲。胃天之命四則。四則當□、天綸乃得。得道之君、邦出乎一道、制命在主、下不別黨。邦无私門。諍李皆塞。

后《きみ》曰く、大なる才《かな》(哉)。大なる才《かな》(哉)。企(法)を失わず。法り則りて分を明らかにするとは、何ぞやと。伊尹對えて曰く、主は天に法り、佐は地に法り、輔臣は四時に法り、民は萬物に法る。此れを法り則ると胃(謂)う。天は復(覆)い地は載せ、生・長・收・臧(藏)、四時を分かつ。故に曰く、事の分は職臣に在りと。是の故に受職……臣分………臣の分なり。民を有《たも》つは、主の分なり。職《し》(識)る无きを以て并びに職《し》(識)る有るに恥《き》(聽)くは、主の分なり。恥(聽)……敬……誘……分なり。此れを之れ分を明らかにすと胃(謂)う。分・名曁《すで》(既)に定まれば、法君の佐 主を佐けて聲无し。天の四則に命ずるを胃(謂)う。四則……に當らば、天綸乃ち得らる。道を得るの君には、邦は一道より出でて、命を制するは主に在り、下は別黨せず。邦に私門无し。諍(争)李(理)皆塞がると。

【注釈】

(一) 天復地……分四時——『逸周書』周月解に「萬物春生、夏長、秋収、冬蔵。天地之正、不易之道也」と。こうした自然観を政治理論として提起するのは『呂氏春秋』である。繆鉞氏が『呂氏春秋』十二紀の構造を説明し「春は春気発生するにより春紀（『呂氏春秋』十二紀の一・二・三月紀）のテーマは養生、たとえば本生篇・重己篇・貴生篇・情欲篇。夏は長養の時なるにより夏紀（四・五・六月紀）のテーマは音楽、たとえば侈楽篇・適音篇・古楽篇…。秋は秋気肅殺なるにより、秋紀（七・八・九月紀）のテーマは兵、たとえば蕩兵篇・禁塞篇・振塞篇…。冬は収蔵の時なるにより冬紀（十・十一・十二月紀）のテーマは喪葬、たとえば節葬篇・安死篇等々」（「呂氏春秋撰著考」『中国文化研究彙刊』第六巻、一九四六年）というのは、こうした状況をよく言い当てている。帛書の自然観もこうした思想の展開の中で考えられてよい。

（二）以无職并恥有職——国家文物局古文献研究室は「無職」とは君主について言い、「有職」とは群臣について言うとして、『呂氏春秋』君守篇の「故善為君者無識、其次無事。有識則有不備矣。有事則有恢矣」を引証し、この場合の「無職」とは帛書の「無識」のことであるという（前掲書、三二頁注十九）。これでいけば帛書の「無職」の「職」は「識」の仮借字かもしくは誤字ということになり、「無職」は「識る無し」と読まなければならない。いわゆる戦国秦漢期の道家の形名参同説である。「識る無し」とは、君主たる者が臣下の専横を防ぐために自己の意欲の所在を蔽い隠し、その意向を韜晦して臣下の迎合と追従を許さぬために取る手段のことである（解説参照）。

（三）也。此——凌襄氏（前掲誌）・厳一萍氏（前掲書）によって補う。

【口語訳】

湯王が言った。「（さても）偉大なものであるよ。偉大なものであるよ。法則を失うことはない。（ところで、自然界の定めに）法り則って（各人が有する）本分を明らかにするとはどういうことか」。伊尹は答えて言った。「君主たる者は天に法り、（君主を）補佐する（大）臣は地に法り、補弼の臣は四時に法り、民は万物に法ります。これを法り則ると申します。天は（万物を）覆い（包み）、地は（万物を）載せ、誕生（の作用は春に）、成長（の作用は夏に）、収穫（の作用は秋に）、貯蔵（の作用は冬に）等々、四時を分け（て占め）ております。だから（具体的な）仕事の（職）分は（春夏秋冬が各々生・長・収・蔵の職を分業しているようにそれを担当する）職臣に在ることになります。だから　受職……臣分………は臣の本分であります。民を所有するのは君主の本分であります。（政治の実際については何も）知らないとしながら、一方で（政治の実際の全てを）知ってい（て、その実務を担当す）る者に（政治の実状を）聞くのは君主の本分であります。恥……敬……誘……分……です。このことを分を明らかにすると申します。本分と名称（の関係）が定まると、法君を補佐する（大）臣は、法君を補佐しながら（その際に臣下に命ずる）声を発することがなくなります。天が（春・夏・秋・冬の）四則に命じ、四則の働きがその職にかなえば天倫が得られる（のと同様である）ことを言うのであります。道を会得した君主の場合、国（家の指揮系統）は一つの道から出ていて、命令権を管轄するのは君主でありますから、臣下は（国家の指揮系統とは）別に徒党を組むことはないし、国家の中に私的な権門が生まれることもありません。争いの元もみな塞がれることになります。」

第五節

〔后〕曰、佐主无聲、何也。伊君對曰、故法君爲官求人、弗自求也。爲官者不以忘予人。故知臣者不敢誣能[一]。〔佐〕[二]主不忘予、以分恥名。臣不以忘進、曰[三]（自）[二]蔃[四]以受也。自蔃者先名。先名者自責。夫先名者自蔃之命已。名命者符節也。法君之所以蔃也。法君執符以恥。故自蔃之臣莫〔敢〕僞會以當[五]亓君。佐者无扁職。有分守也。謂令[六]之命。佐主之明、并列百官之職者也。是故法君執符以職[七]、則僞會不可〔當〕[八]主。僞會不可〔當〕[八]主矣、則賤不事貴、袁不事近。皆反亓職。信〔節〕[九]在忌心。是故□□□□□不出亓身。晝夕不離亓職。故法君之邦若无人、非无人也。皆居亓職也。賤不事〔貴〕、袁不事〔近〕[一〇]、則法君之佐何道別[一一]主之臣以爲亓黨、空主之廷朝之亓門。所胃法君之佐佐主无聲者、此之胃也。

后《きみ》曰く、主を佐けて聲无しとは、何ぞやと。伊君（尹）對えて曰く、故《もと》より法君は官の爲に人を求め、自ら求めざるなり。官の爲とは以て忘《みだ》（妄）りに人に予えず。故に知臣なる者は敢えて能を誣いず。主を佐くるもの忘《みだ》（妄）りに予えずして、分を以て名に恥《き》（聽）く。臣は以て忘（妄）りに進めずして、曰《みずか》（自）ら蔃《つと》めて以て受くるなり。自ら蔃《おさ》む者は先ず名あり。先ず名ある者は自ら責む。夫れ先ず名ある者は自ら之が命を蔃むるのみ。名・命は符節なり。法君の蔃めしむる所以なり。法君は符を執りて以て恥（聽）く。故に自ら蔃むるの臣は敢えて僞會して以て亓《そ》の君に當たる莫し。佐くる者は扁（偏）職无し。分守有り。令の命と謂う。主の明を佐け、百官の職を并べ列ぬる者なり。是の故に法君は符を執りて以て職（聽）きけば、則ち僞會して主に當たる可からず。僞會して主に當たる可からざれば、則ち賤しきは貴きに事えず、袁（遠）きは近きに事えず。皆な亓の職に反る。信に節は忌（己）の心に在り。是の故に…………亓の身を出でず。晝夕も亓の職を離れず。故に法君の邦は人无きが若きも、人无きに非ざるなり。皆な亓の職に居るなり。賤は貴を事とせず、袁（遠）きは近きを事とせざれば、則ち法君の佐は何に道《よ》（由）りて主の臣を別ちて以て亓の黨を爲し、主の廷を空しくして之を亓の門に朝せしめん。所胃《いわゆる》（謂）法君の佐　主を佐けて聲无き者とは、此の胃（謂）なりと。

【注釈】

（一）不敢誣能――国家文物局古文献研究室は「誣能」とは臣下の中の「不能者」を「能者」とみなすことであると説明し、帛書の意は『管子』法法篇の「忠臣不誣能以干禄爵」、同乗馬篇「君挙事、臣不敢誣其所不能。君知臣、臣亦知臣知己也。故臣莫敢不竭力倶操其誠以来」に近いという（前掲書、三二頁注二〇）。

（二）佐――国家文物局古文献研究室は一字の欠字のまま残しておくが、工藤睦子氏が欠字部分に「佐」を補うが妥当である（二松学舎大学馬王堆帛書研究会編前掲書（一）、六〇頁）。

（三）曰――凌襄氏は「曰」は「自」の誤りであるという（凌氏前掲論文）。これに従う。

（四）蔃――各辞書の類には見えない。国家文物局古文献研究室は「薦」の異体字ではないかと疑い、凌襄氏は「蔃」に作り「強」の仮借で、その意味は「勉」であるという（凌氏前掲論文）。文脈上から判断して一時凌襄説に従っておく。

（五）僞會――その用例をみない。「僞」は「いつわる」こと。「會」は凌襄氏は「獪」に置き換える（凌氏前掲論文）。また、工藤睦子氏が「僞會」を熟語として扱う（二松学舎大学馬王堆帛書研究会編前掲書（一）六六頁）のは正しいが、「わざわざ媚びる」と訳すのは落ち着かない。今は「偽獪」と読みこれを一つの熟語とみなし「君主を偽り騙す」と訳しておく。

（六）仐――凌襄氏は一字の欠字として残す（凌氏前掲論文）が、図版には確認できる。国家文物局古文献研究室を初め他の研究者は一様に字義不明として解釈を避けている。

（七）職――凌襄氏に従って「聽」の誤りと見て置く（凌氏前掲論文）。

（八）當――国家文物局古文献研究室は一字の欠字のまま残すが、文脈上、浅野裕一氏のように「當」の字を補うが妥当であろう（前掲浅野氏論文）。今はこれに従っておく。

（九）節――浅野裕一氏は「符」の字を補う（前掲浅野氏論文）。けれどもこの箇所は臣下について述べたもので、、前文に「法君執符」

と見えていれば符が臣下に相当するとは思われない。君に符が配当されるのであれば臣下に配当されるのは「節」でなければならない。

（一〇）近――国家文物局古文献研究室は「袁不事」の下に「近」の字を脱すという（前掲書、三二頁注一一）。

（一一）何道――国家文物局古文献研究室はここの「道」の字は「九主篇」竹簡の第三七六行・三八一行の「道」の字と同じで、「由」であるという（前掲書、三三頁注一三）。

【口語訳】

湯王が質ねて言った。「（法君を補佐する大臣が法）君を補佐（して臣下を統制）すると、（命ずる）声を発することがなくなるとはどういうことか」。伊尹は答えた。「もとより法君は国家のために（賢）人を求めるものであって、自分勝手に（都合のいい人を）求めるわけではありません。国家のためといいますのは、みだりに（役職を）人に与えたりしないことです。だから智臣といわれる（有能な）者は、（能力を欠いていながら）有能を装うことはありません。（君を）補佐する大臣がみだりに（役職を）人に与えず、（その者の）本分（能力）に応じて（その者の現在の）職名（にかなっているかどうか）を判断致します。（ですから）臣下たる者は自分勝手に（役職を）人に与えることをしませんし、自分自身努力して（その職を）受けることになります。自分で努力する者は先に（それにふさわしい）職名を得、先に職名を得た者は自分で（自分の能力がその職にふさわしいか否かを）責め（糾し）ます。いったい、先に職名を与えられている者は（その職を維持しつづけるために）自分に与えられている命令（の遂行）に務めます。職名と命令とは（合わせると一致する）符・節の関係にあり、これこそが法君が臣下を（職務に）務めさせる手段であります。法君は符を執って（臣下の職務の成果を）聞きます。だからみずから努力する臣下は敢えて（成果を）偽り騙してその君主に応対することはありません。（君主を）補佐する者は（大臣に限らず）職務に対して片寄りを持つことがない一方で、職分として守るべきものがあります。夈の命と申します。君主の聡明（性）を助け（て実現させ）、すべての官職を順番に秩序づけるものであります。こうでありますから、法君が符を執って（臣下の職務の実際を）聴い（て、それをその臣下の職名に照らしてその者の能力を判定し）た際には、（臣下は職務の成果を）偽りだまして君主に応対することができません。（臣下が職務の成果を）偽りだまして君主に応対できない場合には、低い職名の者が貴い職務に従事することはなく、皆その（己に与えられた）職務に立ち返ります。まことに（君主の執る符に応ずる）節は（臣下たる者の）己が心の中に存在いたします。こうでありますから…………その身から出ることはありません。朝夕の間にもその職掌から離れることはありません。だから法君の（統治する）国は（一見すると）人がいないように見えますが、人がいないわけではありません。皆その（与えられた）職務に居るのであります。ひくい職務の者が貴い職務に従事することがなく、（君主から）遠い職務の者が（君主に）近い職務に従事することがなければ、法君を補佐すべき（大）臣がどういった方法で主君に仕える臣下（と自己に与する臣下）を区別して（自己に味方する臣下を）自己の党派に組み入れ、君主の朝廷を空にして（臣下たちに）自分の家の門に朝見させることができましょう。いわゆる（法君を補佐する大臣が法）君を補佐して（臣下に命ずる）声がなくなるといいますのは、こうした意味であります。」

第六節

后曰、至矣才。至矣才。法君法臣。木直、(一)縄弗能罪也。木亓能侵縄乎。伊尹或請陳笅(二)以明八〔商〕變過(三)之所道生。(四)志曰、唯天无勝、凡物有勝。后曰、天无勝、何也。伊尹對曰、勝者、物〔之〕(五)所以備也、所以得也。天不見端。故不可得原。是无勝。(六)后曰、極卜不見。(七)伊尹對曰、〔是〕故聖王〔法〕(八)天。故曰、主不法則、乃反爲物。(九)尋見必得。(一〇)得有巨才。得主之才。得主者(一一)□□能用主、邦有二道。二道之邦、長諍之李、辨黨長爭。□□□无、爭道甍起、大干天綸、四則相侵、主輕臣重、邦多私門、挾主與□□□□□□□□□□□□失。虘詾(一二)可智。以命破威。

后《きみ》曰く、至れる才《かな》（哉）。至れる才《かな》（哉）。法君・法臣は。木直なれば、縄も罪する能わざるなり。木は亓れ能く縄を侵さんやと。伊尹或《ま》（又）た笅（策）を陳ね以て八商（謫）の過ちに變わるの道《よ》りて生ずる所を明らかにせんことを請う。志に曰く、唯だ天のみ勝《きざ》す无く、凡そ物は勝す有りと。后曰く、天勝す无しとは、何ぞやと。伊尹對えて曰く、勝すとは、物の備わる所以にして、得る所以なり。天　端を見《しめ》さず。故に原ぬるを得る可からず。是れ勝す无しと。后曰く、卜を極むるも見《あら》われざるかと。伊尹對えて曰く、是の故に聖王は天に法る。故に曰く、主も法り則らざれば、乃ち反って物と爲ると。尋見わるれば必ず得らる。得らるれば巨たる有る才《かな》（哉）。主を之に得る才《かな》（哉）。主を得たる者……能く主を用うれば、邦に二道有り。二道の邦は、長く諍（爭）うの李（理）ありて、黨を辨ちて長く爭う。………无、爭道甍（萌）起し、大いに天綸を干し、四則相侵し、主は輕く臣は重く、邦に私門多く、挾主與…………………失。虘（御）詾（却）は智（知）る可し。以て破威（滅）と命くと。

【注釈】

（一）木――黄華珍氏が訳されるように、この場合の「木」は臣下の比喩で、「縄」が君主の比喩であるのと対をなす〔二松学舎大学馬王堆帛書研究会編前掲書（二）二四頁〕。

（二）笇――「策」に同じ。帛書乙本『老子道経』の「籌策」がこの字に作られている。「籌策」とは「算策」の意。第二節注（一一）参照。

（三）八商變過――「商」は「適」に同じ。国家文物局古文献研究室は「八適」の「適」を「謫」と読み、「八謫」とは「糾し咎むべき八種類の過失」を指すものとみる（前掲書、三二頁注二五）。これに従う。なお、つづく「變過」は、おそらくは事変と過失、ないし（上文の）咎むべき小過が大きくなって過失に変わる、のいずれかであろうが、ここでは後者の解を当てておいた。なお、次の第七節では「變過」の二字はない。

（四）志――第四節の「志」と同じく、「ある種の古書」（国家文物局古文献研究室前掲書、注十二）と見ておく。

（五）之――国家文物局古文献研究室は二字の欠字として残すが、凌襄氏のように欠落は一字分で、そこに補われるべきは「之」であろう（凌氏前掲論文）。

（六）是无勝――国家文物局古文献研究室は『淮南子』兵略訓に「天圜而無端、故不可得而觀。地方而無垠。故莫能窺其門。…凡物有朕、唯道無朕（二つ目の朕は『文始』自然篇では勝の字に作る）、所以無朕者、以其無常形勢也」といい、『鶡冠子』度萬篇に「所謂天者、言其然物而無勝者」というのは帛書のこの箇所と意味が近いといい、文義によれば帛書と『鶡冠子』の「勝」は「朕」と読むべきであって、帛書が「无勝」というのは「無朕兆」「無痕跡」の意であるとする（前掲書、三二頁注二六）。これに従えば、「朕」とは「きざす」と読まれることになる。

（七）極卜――国家文物局古文献研究室は『尚書』大誥篇の「予曷其極卜、敢弗於従」を引き、その正義が示す「卜法を窮極す」という理解で帛書の「極卜」を解釈すべきであるという（前掲書、三二頁注二七）。これに従う。

（八）是故聖王法――「是」「法」の二字は、国家文物局古文献研究室は欠字のまま残すが浅野裕一氏に拠って補う（前掲浅野論文）。

（九）故曰主……反爲物――「曰」に続く「主不法則」の句は、第三節の「志曰」の文と同じことから「志」の文と考える。それに続く「乃反爲物」の句も渡辺賢氏が訳されるように「志」からの引用に含めるべきである〔二松学舎大学馬王堆帛書研究会編前掲書（二）三六頁〕。ここ以下は『韓非子』『呂氏春秋』『淮南子』などに頻見する「形名参同の説」である。いうまでもなく「形」とは具体的な実質、名は表向きの名義であって、官吏の職名とその実質が一致しているかどうかを判定し、その判定に従って臣下を登用するか罷免するかを決定する、というのがもともとの意味。ところが『韓非子』の主道篇や揚権篇ではそれを判断する君主の心の在り方を問題にし、仮に君主が自己の意欲のあり様を臣下に示したならば、臣下たる者こぞって君主の意欲に迎合し、君主は臣下に対して正確な評価は下せなくなる。だから君主は自己の意欲を韜晦し、臣下に付け入る隙を与えてはならない。そのためには「道」が「虚静無為」であるように、君主も自己の感情を絶えず平静に保つ擬道的態度を取る必要があるといい、道の虚静無為を君主の臣下に対する意欲の韜晦に見立てて、それを君主の当為として示すのである。一種の君主による多数臣下の統制術である点にその特質がある、というべきであろう。帛書の場合は、「道」ではなく天地自然の営みに範を取って君主の意欲の韜晦が説かれるところに、戦国から秦漢期にかけての「形名参同の説」との違いがあると言えよう（解説参照）。

（一〇）𢑱――国家文物局古文献研究室は「耑」に改めるが図版のように「𢑱」と残すのが正しい。凌襄氏・厳一萍氏同解（前掲書）。その意味は国家文物局古文献研究室が「耑」に改めるように「瑞」（きざし）である。

（一一）得主者――国家文物局古文献研究室はこの三字を「无争道」と「薨起」の間に入れるが誤り。凌襄氏・厳一萍氏によって改める。

（一二）虘㔻――虘は前出。御と同じで制圧の意。㔻は凌襄氏のように「㤘（憂）」と解する（凌氏、前掲論文）ことも、浅野裕一氏のように「却」と解する（前掲浅野論文）こともできよう。今は「却」とみて、君主の統帥権が臣下に委ねられ、却やかされた状態とみておく。

【口語訳】

湯王が言った。「行き届いていることだ。行き届いていることだ。法君や法臣というのは。（臣下である）木が真っすぐであれば（真っすぐ削るために引く）墨縄で（木の曲がり＝臣下の悪事を）正し罰することなどありえない。（その真っすぐな）木（＝臣下）がどうして墨縄（の引いた線＝君主の命令）を侵すことがありえよう。」伊尹はまた簡策の算策を広げて八種類の責め糾されるべき罪科が（取り返しのつかない）過失に変わる現象を惹起する原因を明らかにしたいと申し出た。「古書には、ただ天にだけ兆すことはなく、（他の）すべての物には兆すことがある、と言っております。」湯王が質ねて言った。「天は兆すことはないとはどういうことか。」伊尹は答えて言った。「兆すとは、物がその形を備え（整え）てゆく根拠であり、（その存在を）感得するための根拠であります。天は（兆して）端緒を示すことはありません。だから（その実態を）推尋することはできないのです。これが兆すことがないということです。」湯王が質ねて言った。「卜筮の法を極めても（兆しが）あらわれないか。」伊尹は答えて言った。「こうした訳で、聖王は天に則（って、自己の意欲を韜晦す）るのです。だから（古書にも）『王も（自然界の定めに）法り則らなければ、却って物（のようにその存在を兆すこと）になってしまう』と申します。兆しが現れれば必ず（その存在が）感得できるのであり、（その存在を）感得できたなら（その実体は）なんと大きく（認識されることに）なりましょう。（臣下は）君主をこういうふうに捉えるものではありませんか。君主の意に迎合し得た者が……君主（の意向）を利用することができるようになると、国内に二つの道（＝施策上の指令系統）が存在することになります。二つの道（＝施策上の指令系統）が存在する国家には長く争いの元が存在し、党派を分かちて争い続けることになります。………无、争いのための工夫や手段が起こって、大いに天綸をそこない、（天・地・四時・万物から派出する）四つの法則が互いに侵され、君主の地位は軽んじられ、臣下の地位が（逆に）重くなって、国内にはいくつもの権門が出現し、挟主与………………………失。（君主の権限が臣下に）統御され脅かされるようになることが了解できましょう。そこで（この状態を）破滅と名付けます。

第七節

伊尹曁明八商之所道生、請命八商。〔曰(一)、法〕君明分、詘臣分定、以繩八商。八商畢名。過在主者四、罪在臣者三、臣主同罪者二。(二)

伊尹曁(既)に八商(謫)の道りて生ずる所を明らかにし、八商(謫)に命《なづ》けんことを請う。曰く、法君は分を明らかにし、詘(法)臣は分定まり、以て八商(謫)を縄《ただ》せり。八商(謫)畢く名あらん。過ちの主に在る者は四、罪の臣に在る者は三、臣主同罪なる者は二なりと。

【注釈】

(一)曰――国家文物局古文献研究室は一字の欠字として上句に繋げるが、裘錫圭氏は欠字部分は下句に繋ぐべきで欠字の残字部分からは「曰」の字が入るべきだという(「読簡帛文字資料札記」『簡帛研究』第一輯、法律出版社、一九九三年一〇月)。これに従う。

(二)伊尹曁…罪者二――この分類の内訳は渡辺賢氏が表を以て示されるように「過失が君主にある」場合の四例とは　第八・十一節に見える「剸授之君」、第九節に見える「労君」、第十四節に見える「破邦之主」、第十節に見える「威社之主」を指し、以下「罪科が臣下」にある三例とは　第八の「主を制する臣」・十一節の「剸授之臣」、第十二節の「半君」につけいる「擅主之臣」、第十三節の「横臣」をいい、「君主と臣下が同罪である」二例とは　第十節の「威社之主」の下で勝手を振る舞う臣下、第十四節の「破邦之主」と勢力を二分する臣下、をいう(二松学舎大学馬王堆帛書研究会編前掲書(二)四二～三頁)。

【口語訳】

伊尹はすでに八種類の(責め科されるべき)罪科(の一つ一つ)に名前をつけたい旨を請願して言った。「法君は(その君主としての）分を明確にし、法臣の（職）分も定まり、かくて八種類の罪科は責め糾されることになりました。（それら）八種類の罪科は残らず（その程度に応じた）名前がつけられるべきでございます。（その内訳は原因となる）過失が君主にある場合が四例、（糾弾さるべき）罪科が臣下にある場合が三例、臣下と君主が同罪である場合が二例でございます」。

第八節

〔后曰〕四主之罪、何也。伊尹對曰、剸授失道之君也。(一)故得乎人、非得人者也。作(二)人邦、非用者也。用乎人者也。是□□得擅主之前、用主之邦。故制主之臣。是故剸授失正之君也、過在主。雖然、酉〔君也〕。主吾則酉制亓臣者也。后曰、於乎危才。得主之才。

后《きみ》曰く、四主の罪は、何ぞやと。伊尹對えて曰く、剸（專）授して道を失うの君なり。故に人に得らるるも、人を得る者に非ざるなり。人の邦を作《おさ》むるも、用いる者に非ざるなり。人に用いらるる者なり。是……主の前に擅にするを得て、主の邦を用う。故に主を制するは之れ臣なり。是の故に剸（專）授するは正を失うの君なり。過ちは主に在り。然りと雖も、酉《な》（猶）お君なり。主吾（悟）れば則ち酉《な》（猶）お亓《そ》の臣を制する者なりと。后曰く、於《あ》（嗚）乎《あ》（呼）危うい才《かな》（哉）。主を之に得る才《かな》（哉）と。

【注釈】

（一）剸授失道之君――国家文物局古文献研究室は『史記』范雎伝に「且夫三代所以亡国者、君専授政、縦酒馳騁弋獵、不聴政事、其所授者、妒賢嫉能、御下蔽上、以成其私、不為主計、而主不覚悟。故失其国」と見える者のことであるという（前掲書、三三頁注三三）。君主でありながら執政上有する自己の権限をかってに臣下に授与する者のことである。同様の例は他に『管子』明法篇・明法解に見える。第二節注（三）参照。

（二）作――凌襄氏は、『爾雅』釈言の「作、為也」に従い、下文第九節の「自爲亓邦」の「爲」と同意とする（凌氏前掲書論文）。これに従う。

【口語訳】

湯王が言った。「(過失が君主にある場合の)四人の君主の罪状というのはどのようなものか。」伊尹は答えた。「(君主の権限を)勝手に(臣下に)与え、道を失ってしまった君、ということです。だから(他)人(=臣下)に操られる者であっても、(他)人(=臣下)を従わせることのない者です。(他)人の(集合である)国(というもの)を治めるに当たって、(他)人(=臣下)を登用し得ている者ではなく、(他)人(=臣下)に利用されている者のことです。……(臣下は)君主の眼前で好き勝手に振る舞うことができて君主の(治める)国を利用する。だから君主を統制するのは臣下である、ということになります。こうした訳で、(君主の権限を)勝手に(臣下に)与えるのは適正を失った君主であるといわなければなりません。過失は(明らかに)君主(の側)にあります。そうではありますが、君主であることには変わりがありません。(このレベルの君主は、)君主自身、(自己の過失に)気づいたならば、(過失を改めて)その臣下たちを統制し得るものであります。」湯王が言った。「ああ、なんと危険な様であろう。君主をこうした(危険な)状態で操るんだなあ。」

第九節

勞君者剸授之能吾者也。□(一)吾於剸授主者也。能吾不能反道、自爲亓邦者、主勞臣失(二)。爲人君任臣之□□因主□□(三)知、倚事於君、逆道也(四)。兇(五)歸於主不君。臣主□□侵君也、未免於□□(六)。過在主。唯然、酉君也。自制亓臣者也、非作人者。

勞君とは剸（專）授の能く吾《さと》（悟）る者なり。…剸（專）授の主なるを吾（悟）る者なり。能く吾（悟）りて道に反る能わざれば、自ら亓の邦を爲《おさ》むる者、主は勞し臣は失（佚）す。人君爲《た》りて任臣之……因主……知、事を君に倚するは、逆道なり。兇　主に歸すれば君たらず。臣主……君を侵すなり。未だ……を免れず。過ちは主に在り。然りと唯《いえど》（雖）も、酉《な》（猶）お君なり。自ら亓《そ》の臣を制する者なり。人を作《おさ》むるに非ざる者なり。

【注釈】

（一）□――国家文物局古文献研究室は一字欠字として残すが、浅野裕一氏は「猶」を補う（前掲浅野論文）。浅野氏に従えば意味が明瞭となるが根拠はない。今は欠字のままにしておく。

（二）臣失――失は佚の仮借字であろう。逸楽の意。

（三）□□因主□□――国家文物局古文献研究室は二字ずつを欠字として残すが、浅野裕一氏は前の二字に「所能」を補い、後の二字に「莫不」を補う（前掲浅野論文）。浅野氏に従えば意味が明瞭となるが根拠はない。（一）と同様、欠字のままにしておく。

（四）主勞臣…逆道也――国家文物局古文献研究室は『管子』七臣七主篇の「労主不明分職、上下相干、臣主同則」・『愼子』民雑篇の「人君自任而務為善以先下、則是代下負任蒙労也、臣反逸矣」を掲げ、帛書と同意であるという（前掲書、三三頁注三〇）。

（五）兇――凌襄氏は『説文』の「兇、擾恐也」を引いてその解釈に当て（凌氏前掲論文）、菊地精一氏は『集韻』の「凶、説文、悪也。

…通作兇」を引いて「兇」を「凶」の仮借とみ『広韻』の「凶、凶禍」によって「わざわい」と見る（二松学舎大学馬王堆帛書研究会編前掲書（二）六一頁）が、帛書の「兇」はやはり『説文』の「兇、擾恐也」の解釈がよく通じ、その意味は「政務の過多がもたらす気ぜわしさや心配の種」をいおう。

（六）□□――国家文物局古文献研究室は二字欠字として残すが、浅野裕一氏は「逆道」を補う（前掲浅野論文）。が、やはり（一）（三）同様、欠字のままに残すことにする。

【口語訳】

（伊尹の言葉はなお続く）「（疲）労（する）君（主）とは、（自己の権限を）勝手に（臣下に）与えている君主の中でも（それが誤った行為であることを）悟る者であります。（自己が自己の権限を）勝手に（臣下に）与えている君主であることを悟った者であります。悟ることができて道に立ち返ることができない場合には、自分でその国を治めていても君主は（疲）労し、臣下は（逆に）逸楽に耽ることになります。君主でありながら任臣之……因主……知、（執政上の）業務を君主に押し付けるのは道に逆らったことであります。（その政務上の）繁雑さや心配事を君主に帰するのであれば、君主は君主として持ちこたえられないことになります。君主と臣下が……、君主を侵すことであります。いまだ……を免れたものではありません。過失は（確かに）君主にあります。（けれども）そうではあっても、なお君主として自分自身その臣下を統制する者であることには間違いありません。（とはいえ、この種の君主は）人を治め切れるものではありません。

第十節

威〔社之主剸授之能吾者〕(一)。能用威法亓臣。亓臣爲一、以恥亓君、恐懼而不敢盡□□。是□□□昔撝□□施□伐□厹讎、民知之无所告朔。是故同刑、共共謀爲一(二)。民自□(三)。此王君所明號令(四)、□无道、處安亓民。故兵不用而邦□擧。兩主異過同罪(五)。威社之主也。過在上矣。

威(滅)社の主は剸(專)授の能く吾(悟)る者なり。能く威を用いて亓《そ》の臣に法らしむ。亓の臣一と爲りて、以て亓の君に恥《き》(聽)き、恐懼して敢えて……を盡くさず。是れ……昔撝……施……伐……厹(仇)讎(讐)、民之を知るも告朔(愬)する所无し。是の故に同に刑(形)われ、共に謀りて一と爲る。民自ら……す。此れ王君の號令を明らかにして、无道を……し、亓の民を處安する所なり。故に兵は用いられずして邦……擧がる。兩主過ちを異にして罪を同じくす。社を威(滅)ぼすの主なり。過ちは上に在りと。

【注釈】

(一)社之主……能吾者――国家文物局古文献研究室に従って「社之主」の三字を補い(前掲書、三〇頁)、菊地誠一・名和敏光氏によって他の字を補う(二松学舎大学馬王堆帛書研究会編前掲書(三)十五頁)。

(二)共共謀爲一――国家文物局古文献研究室の説に従い、共の一字を衍字とみなす(前掲書、三三頁注三一)。

(三)民自□――国家文物局古文献研究室は「民自□此王君所明號令」にて断句(前掲書、三〇頁)。けれども、菊地・名和両氏に従い「民自□」で断句とすべきである(二松学舎大学馬王堆帛書研究会編前掲書(三)十七頁)。凌襄氏は「此」の字を欠字にしたままそこで断句とする(凌氏、前掲論文)が、図版では「此」の字の左半が見える。やはり、此の上で切るべきであろう。

（四）王君――淩襄氏は「王君」を「湯王」と見る（淩氏、前掲論文）が、今の場合「湯王」に限定する必要はない。

（五）兩主――菊地誠一・名和敏光氏はこの「兩主」は第二節の「威社之主二」と一致することを指摘し、その一主は本節の「威社之主輒授之能吾者。能用威法亓臣」、もう一主を「亓臣爲一」「同刑、共共謀爲一」ということから君主に匹敵しえる群臣中の最有力者であるという〔二松学舎大学馬王堆帛書研究会編前掲書（三）二四頁〕。この文章の中から厳密に両主を捜出しようとすればそうならざるを得ないが、帛書は第二節に見える「威社之主二」を念頭に置いて、その二主に共通する性格を「両主」の語以前に述べたと見るべきではないか。

【口語訳】

（伊尹の言葉は更に続く。）「社（稷）を滅ぼしてしまう（二人の）君主とは（自己の権限を）勝手に（臣下に）与える君主の中でも（その誤りを）悟ることのできるものであります。威圧することによって彼の臣下たちを付き従わせることができ、その臣下たちも一つになってその君主（の命令）に従って、恐れおののきはします。けれども……を尽くそうとはいたしません。是……昔撝……施……伐……仇讐。民はこのことを知っても訴え出る所がありません。こうした訳で、（臣下たちは民衆の前で君主と）同様に振る舞って共謀して同一の悪さを働きます。民はそこで自然と…することになります。これこそが、君主が命令を明確にし、無道（の輩）を…し、その（国の）民を落ち着いた土地で安らかに生活させようとした理由です。だから（こうした措置がはかられない状況では）、兵力を用いるまでもなく国は…滅び去ることになります。この二人の君主は、（国を滅ぼす原因となる）過失（の性質）は異なっているが、（受けるべき）罪科は同じなのです。社（稷）を滅ぼしてしまう君主であります。その過失は君主にあります。」

第十一節

后曰、差、夏桀氏已夫。三臣（一）之罪何。伊尹對曰、剸授之臣擅主之前、〔虘〕下蔽上（二）、乗主之不吾、以侵亓君。是故擅主之臣罪亦大矣。

后《きみ》曰わく、差《ああ》（嗟）、夏の桀氏のみかな。三臣の罪は何ぞやと。伊尹対えて曰く、剸（専）授の臣は主の前に擅にして、下を虘（御）し上を蔽《おお》（蔽）い、主の吾《さと》（悟）らざるに乗じ、以て亓の君を侵す。是の故に主を擅にするの臣の罪も亦大なりと。

【注釈】

（一）三臣――篠田幸夫氏のいうように、本節の「剸授之臣」・第十二節の「半君之臣」・第十三節の「寄主之臣」を指す〔二松学舎大学馬王堆帛書研究会編前掲書（三）三三頁〕。

（二）虘下蔽上――第一節注（七）参照。

【口語訳】

湯王が言った。「ああ、夏の桀王のことであるなあ。（ところで）三臣の罪とは何か。」伊尹は答えた。「（君主の権限を）君主より勝手に与えられた臣といいますのは、君主の前でもやりたい放題で、下位の臣下たちを操り、上位の者に対してはその目をくらまそうといたします。君主が（その臣下の不適任に）気づかないでいるのに付け込み、その君主の地位まで侵そうといたします。こうした訳で、君主（の権力）をやりたい放題に使う臣下たちの罪も、また大きいものです。

第十二節

半君者剸授而〔不悟〕者也。〔是〕故擅主之臣、見主之不吾、故用亓主嚴殺僇、□臣恐懼、然后□□□利□主之臣（一）、成黨於下、與主分權。是故臣（二）獲邦之〔半〕、主亦獲亓半、則〔臣〕□□〔主〕（三）則□危。臣主横危（四）、危之至。是故半君之臣罪无〔赦〕（五）。〔后〕曰、於乎、危才、半君。

半君は剸（専）授して悟らざる者なり。是の故に主を擅にするの臣は、主の吾《さと》（悟）らざるを見れば、故さらに亓《そ》の主の嚴を用いて殺僇し、……臣恐懼して、然る后に………利…主之臣、黨を下に成し、主と權を分つ。是の故に臣は邦の半ばを獲り、主も亦亓の半ばを獲れば、則ち臣……主は則ち…危うし。臣・主の横（衡）危たるは、危うきの至りなり。是の故に半君の臣は罪して赦す无しと。后《きみ》曰く、於《あ》（嗚）乎《あ》（呼）、危うき才《かな》（哉）、半君と。

【注釈】

（一）□臣恐……主之臣——国家文物局古文献研究室に従って欠字をそのまま残す。浅野裕一氏はこの部分を「然后〔奪主之〕利〔與〕主之臣」と補われる（前掲浅野論文）。それでいけば、「然る后に主の利を奪い主の臣に與う」と読める。

（二）臣——国家文物局古文献研究室は「臣」の字の箇所を一字の欠字とする（前掲書、三〇頁）が、図版には臣の字が明白に見える。

（三）臣□□主——国家文物局古文献研究室は四字欠字として残すが、帛書整理小組によって「臣」「主」の二字を補う。また帛書整理小組は二字欠字の部分に横を補うが判読不能。今は欠字のままにしておく。

（四）横危——凌襄氏に従って、「横」を「衡」の仮借とみる（凌氏前掲論文）。国家文物局古文献研究室はこの句を「臣横主危」に作るべきだと疑う（前掲書、三三頁注三五）が、今は本文のままに残しておく。

（五）赦——国家文物局古文献研究室は欠字のまま残すが、帛書整理小組によって補う。図版では「赦」の字の右端が見えている。

【口語訳】

（国家の）半（分しか統治権を有し得ぬ）君とは、（君主の権限を）勝手に（臣下に）与えておいて（その誤りに）気づかない者のことであります。こうした訳で、君主（の権限）をほしいままに操る臣下は、君主が（その臣下の専横を）気づかないでいるのを見るや、ことさらに君主の厳命であるとして殺戮し、…臣下たちが恐れおののくようになって初めて……利…主之臣、臣下の中で徒党を組み、君主と権力を分かち合う有り様です。こうした訳で、臣下は国家の半分を獲得し、君主もまた（残りの）半分を有（する状態に甘んずることになりま）して則臣……主則……、危うひことになります。臣下と君主（の権力）が均衡（状態を保つよう）になって（国の存続が）危うくなるのは、危うくなることの極みであります。」湯王が言った。「ああ、危うひことよ。半君とは。」

第十三節

寄主者半君之不吾者。（一）半〔君〕□□（二）臣、見主之〔不〕能〔吾〕（三）□□□□□□□□□□□□則主寄矣。是故或聞道而能吾、吾正亓横臣者〔也〕（四）。□□□未聞寄主之能吾者也。

寄主とは半君の吾《さと》（悟）らざる者なり。半君……臣、主の吾（悟）る能わざるを見……………………則ち主寄るなり。是の故に或いは道を聞きて能く吾（悟）るは、亓《そ》の横臣を正すを吾る者なり。………未だ寄主の能く吾（悟）る者を聞かざるなり。

【注釈】

（一）寄主者……不吾者――国家文物局古文献研究室は『管子』明法解に「故治乱不以法断而決於重臣、生殺之柄不制於主而在羣下、此寄主之生也」と見える「寄主」が、帛書の「寄主」と同意であるという（前掲書、三三頁注三六）。

（二）半君□□――国家文物局古文献研究室は「半君□□」を全て欠字のままにしておくが、半は明確に帛書の中に見えており、半の下に「君」を補うのが適切である。厳一萍氏（前掲書）・小林浩一氏（二松学舎大学馬王堆帛書研究会前掲書（三）四七頁）による。

（三）吾――欠字であるが、小林浩一氏の言うように「吾」の字を補うべきである（二松学舎大学馬王堆帛書研究会編前掲書（三）四八頁）。

（四）也――国家文物局古文献研究室は欠字のまま残すが、帛書整理小組によって補う。

【口語訳】

（伊尹が言う。）「寄主といいますのは半君の中でも（その誤りをなお）悟ろうとしない者であります。半君……、臣下は君主が悟ることのできない様子を見……………………、君主は（臣下にすっかり）依存してしまうことになります。

こうした訳で、仮に（君主たる者がわきまえるべき統治の）道理を聞いて（自分の犯している誤りを）悟ることができれば、（その者は、その権勢が自分と）拮抗するまでに至っている臣下を糾弾すべきことを悟る者であります。………けれども寄主とみなされた者の中で（自分の誤りに）気づいた者があるとは聞いたためしがありません。」

第十四節

后曰、哀才、寄主。臣主同罪何也。伊尹對曰、破邦之主、剸授之不吾者也。臣主同術爲一以笩於民。百姓絶望於上、分倚父兄（一）大臣。此王君之所因破邦也。兩主異過同罪。破邦之李也。故曰、臣主同罪。

后《きみ》曰く、哀しい才《かな》（哉）、寄主。臣・主　罪を同じくすとは何ぞやと。伊尹對えて曰く、破邦の主は、剸（專）授の吾《さと》（悟）らざる者なり。臣・主　術を同くして一と爲り以て民を笩《むちう》（策）つ。百姓上を絶望し、分かれて父兄・大臣に倚る。此れ王君の因りて邦を破る所なり。兩主は過ちを異にするも罪を同じくす。邦を破るの李（理）なり。故に曰く、臣・主　罪を同くすと。

【注釈】

（一）父兄——黄華珍・渡辺賢氏は守屋美都雄氏の秦漢期の「父兄」とは郷党社会の「父老」と等質のものであるという説を引き、帛書の「父兄」を「縁故のある者」、そしてそれを「大臣」に繋ぎ「縁故のある有力者を頼りに云々」と解釈する（二松学舎大学馬王堆帛書研究会編前掲書（四）十九頁）。そうであれば、痛めつけられた民衆は君主から離れる場合、その前提に自分が帰属する有力者を縁故者として持たねばならず、そうした状況は帛書が示す法君→法臣→民という厳格なヒエラルキーと矛盾する観がある。よし、比喩としてもやはりその観を否めない。凌襄氏は『韓非子』八姦篇の「何謂父兄。曰、側室公子、人主之所愛親也。大臣廷吏、人主之所与度計也。皆尽力畢議、人主之所必聴也」といわれる「父兄」を帛書の「父兄」に比定するが（凌氏、前掲論文）、これが妥当である。君主の傍らで己が権勢を築き上げている側室の公子や大臣たちをいう。

【口語訳】

湯王は言った。「哀れなものよ。寄主というのは。（ところで）臣下と君主が同罪だというのはどういうことか。」伊尹が答えた。「国を破滅させてしまう君主というのは（自分の権限を）勝手に（臣下に）与えている君主の中でも（やはり自分の誤りに）気づかない者であります。臣下と君主が同じやり方で一丸となって民衆を鞭で叩くように痛めつけます。そうすると、民衆は君主（の政治）に期待を繋ぐことはせず、踵を返して側室の公子や（絶大な権力を有している）大臣に頼ろう致します。これこそが、君主がそのために国を破滅させてしまう原因であります。（社稷を滅亡させてしまった）二人の君主の場合、その原因となった過失は（これとは）違いますが、（受けるべき）罪は同じであります。（これが）国を破滅させ（てしまった者が受け）る（罰則の）道理です。それで、（国を破滅させてしまった場合）臣下も君主も同罪ということになるのです。」

第十五節

法君明分、法臣分定、八商畢名。后曰、□□(一)九主之圖。所胃守備搗具、(二)外内无寇者、此之胃也。后環擇吾見素、(三)乃□三公、以爲葆守、(四)藏之重屋。(五)臣主始不相吾也。

法君　分を明らかにして、法臣分定まり、八商（謫）畢く名づけらる。后《きみ》曰く、……九主の圖は。所胃《いわゆる》（謂）守備搗具して、外内寇无しとは、此の胃（謂）なりと。后環《かえ》（還）って見《あら》わせし素を吾《さと》（悟）らんことを擇び、乃ち三公に…し、以て葆守するが爲に、之を重屋に藏せしむ。臣・主始めて相吾（忤）らわざるなり。

【注釈】

（一）□□——凌襄氏は二字欠字の下の部分に「才（哉）」を補う（凌氏、前掲論文）。一説であろう。

（二）守備搗具——「守備」とは「城壁の守り」のこと。搗は「突き固めて城壁を作る」こと。所謂「版築」である。「搗具」とは、佐川繭子氏の考証のように、「（守備が）築き上げられた事」を意味しよう〔二松学舎大学馬王堆帛書研究会編前掲書（四）三〇頁〕。

（三）后環擇吾見素——環は還の仮借字であろう。「見素」とは凌襄氏が言うように、『韓非子』主道篇に「（主が）去好去悪、臣乃見素」と同じで（凌氏前掲論文）、君主が自己の意欲の所在を韜晦すると君主の意向に迎合できない臣下はいやおうなしにその素行を現す。それで君主は労せずして臣下の素行とその職能の可否を見ることができる、というのである。戦国末から秦漢にかけての道家思想と結合した法家の形名参同説の一端を見ることができる。魏啓鵬氏は「擇」は「斁」に読むべきで「度」の古字であるとするが（魏氏前掲論文）、採らない。

（四）葆守——保ち守ること。

（五）重屋——殷の時代の二階建ての家屋。『周礼』考工記に「殷人重屋、堂脩七尋、堂崇三尺、四阿重屋」という（凌氏前掲論文挙例）。

【口語訳】

（かくして）法君が（君臣の）職分を明確にし、法臣の職分も定まって、八種類の咎め糾されるべき行為の全てに名前がつけられたのである。（湯）王が言った。「……九主の図とは。いわゆる守りのための城壁が突き固められて出来上がると（国の）内外に寇患はなくなるとは、このことであるなあ。」（言い終わると湯王は九主の図を臣下の全てに見せるのではなく）却って（臣下が法君の眼前に現す）素行（がどのようなものであるかその意味）を悟る方を選んだ。そこで、三公に……し、（九主の図を永く）保ち守るためにこれを重屋に秘蔵させた。（かくして）君主と臣下との間に軋轢はなくなったのである。

明君篇

第一段(一)

臣以(二)、明君者必有實矣。明君之實奚若才（哉）。曰、小則能爲大、弱則能爲强、□□而能自尊也。此明君之實也。曰、君奚得而尊。曰、〔戰〕勝則君尊。功取地□□□□□□地者。務在功戰而止矣。是以賢士明君、知亓存功戰也。故輿邦(三)□積於兵。胥天世(四)而亩材士、不多用於无功以厚賞慶。不積藏於无益之器(五)以利備用。亩天下之良而獨有之。故能乏强。强則制天下。是故善戰者亓城不圍。善守者亓地不亡。守戰□邦之大務也。而賢君獨積焉。故无適。

當試(六)近比之。今操百洫(七)之璧以居中野、〔内非〕有孟賁(八)之勇也。外非有弓有(九)之備也。亓所以侑(一〇)之者有非如慶忌(一一)之材也。以爲不過〔宿夕〕(一二)盜〔必〕奪之矣(一三)。今夫萬家之衆、百里之地、此亓爲璧多矣。已而人主非有守禦戰鬭之勝李也。以爲鋰適(一四)必危之矣。故利兪大而天下之〔欲〕之也愉甚。

夫先王一人而有天下、諸侯之欲之者□□□□、而先王不失亓天〔下〕□□以夫先王之守取天下、固與世異李(一五)矣。先王之所以異者、何也。以夫先王者爲□□□侖蚤㣚之士、材巽海内之衆、簡令天下之材、瑣(一六)焉。亓所以實邦哀軍者、皆□□之人也(一七)。夫故以氏功戰、天下弗敢塞。以氏守禦、天下弗敢試也。天(一八)〈夫〉故遷天子之乏臣・〔諸〕侯之君、天下之請□□也、不得已於亓有勝李也。

今亓所以實邦充軍者、非勝適者也。已而曰我□□佁服軨𢧐、皆巫祝之言也。以虚卷(一九)言之者也。臣以賢士之請爲、不以虚卷言。賢士〔之〕所以(二〇)□王公者、身鞶(二一)行以籮(二二)萬民、襲賢上可以□□□□之、稿巽海内之衆、以爲兵首釖(二三)。故曰、論材而讎職、論功而厚□□□□□□□而令行。

臣以《おも》えらく、明君なる者には必ず實有りと。明君の實とは奚若《いかん》。曰く、小なれば則ち能く大と爲り、弱ければ則ち能く强と爲り、……能く自ら尊きなり。此れ明君の實なりと。曰く、君は奚ぞ得て尊きやと。曰く、戰い勝てば則ち君尊しと。地を功（攻）取すれば…………地者。務めは功（攻）戰に在りて止む。是を以て賢士・明君は、亓《そ》の功（攻）戰を存するを知る。故に邦を輿《あ》（擧）げて……兵を積む。胥（遝）天（夫）の世にして材士を冣《あつ》（聚）め、多く无功を用いて以て賞慶を厚くせず。无益の器を積藏して以て備用に利せず。天下の良を冣（聚）めて獨り之を有す。故に能く乏《あまね》（氾）く强たり。强たれば則ち天下を制す。是の故に善く戰う者は亓の城圍まれず。善く守る者は亓の地亡びず。守戰……邦の大務なり。而して賢君獨り積むのみ。故に適（敵）する无し。

當《こころ》（嘗）試みに近く之に比《たと》えん。今、百洫（鎰）の璧を操りて以て中野に居り、内に孟賁の勇有るに非ざるなり。外に弓有（弩）の備え有るに非ざるなり。亓の之を侑《たす》くる所以の者は有《ま》（又）た慶忌の材の如きに非ざるなり。以為《おも》えらく、宿夕を過ぎずして盜必ず之を奪わんと。今夫れ萬家の衆、百里の地、此れ亓の璧を爲すもの多きなり。已にして人主守禦戰鬭の勝李（理）有るに非ざるなり。以爲えらく、鍕（隣）適（敵）必ず之を危うくせん。故に利は兪《いよ》（愈）いよ大にして天下の之を欲するや兪《いよ》（愈）いよ甚し。

夫れ先王は一人にして天下を有《たも》ち、諸侯の之を欲する者………、而るに先王亓の天下を失わざるは……以えらく、夫れ先王の天下を守取せるは、固より世と李（理）を異にするなり。先王の異にする所以は、何ぞや。以えらく、夫れ先王は爲……蚤（爪）御（牙）の士を侖（掄）び、海（海）内の衆を材巽（選）し、簡んで天下の材たらしむるは、瑣なり。亓の邦を實たし軍を哀《み》（充）たす所以の者は、皆……人なり。夫の故に氏（是）を以て功（攻）戰すれば、天下敢えて塞がず。氏（是）を以て守禦すれば、天下敢えて試みざるなり。天（夫）の故に天子の乏（凡）臣・諸侯の君を遷し、天下の……を請うや、亓の勝つの李（理）有るに已むを得ざればなり。

今亓の邦を實たし軍を充たす所以の者は、適（敵）に勝つに非ざる者なり。已にして我……佁《はじ》（始）めて軨（隣）敵（敵）を服すと曰うは、皆巫祝の言なり。虛巻（券）を以て之を言う者なり。臣は賢士の請（情）を以て爲し、虛巻（券）

を以て言わず。賢士の王公に……する所以は、身繫行して以て萬民に䇘（堯）たりて、賢上を襲《つ》いで可以……之、海（海）内の衆を稿（豪）巽（選）し、以て兵首の釖（刃）と爲す。故に曰く、材を論じて職に讎《むく》（酬）い、功を論じて厚く……令行わる。

【注釈】

（一）国家文物局古文献研究室編『馬王堆漢帛書（壹）』一九八〇年三月の釈文を底本に使用し、他の論考をよって文字を補ったところがある。その都度注記する。全体は帛書の「・」に従って三段に分けることにする。

（二）臣以——国家文物局古文献研究室がいうように「臣以」は「臣以為」と同じ（前掲書、三七頁注二）で「臣以（おも）えらく」と読む。明君篇の全文は「曰」を境にして王と臣下の問答のようにも見受けられ、湯浅邦弘氏「馬王堆帛書『明君』の思想史的意義」『中国研究集刊』宙号、一九八八年六月・會谷佳光氏編「『馬王堆漢墓帛書老子甲本巻後古佚書明君篇』訳注」（『中国出土資料研究』第二号、一九九八年三月）はそのように理解している。けれども本文は「臣以」で始まり「曰」の主語が記されていないことから、ここでは臣下たる者が君主との問答に託し、君主たる者に当世の急務を訴えた文章と見ておくこととする。

（三）輿——帛書整理小組に従って「擧」の仮借と見る。

（四）胥夫世——国家文物局古文献研究室は「豚天夫」に作る（前掲書、三五頁）が帛書整理小組のように「胥夫世」に作るべきである。意味が取りづらいが、「胥」は「豚」の異体字で帛書整理小組の言うように「遯」の仮借字であろう。「世間から隠遁する丈夫が多く存在する世であって」と解しておく。會谷佳光・小林浩一氏は「豚」を「遂」の仮借字とみ、『国語』晋語四の韋昭の注に「遂、求也」とあることから「もとむ」と読む（二松学舎大学馬王堆帛書研究会編前掲書、二二頁）が、私同様苦しい解釈であろう。

（五）器——『老子』偃武篇に「夫佳兵者不祥之器」といい『管子』小問篇に「夫誅暴禁非而赦無罪者必有戦勝之器攻取之数」というように、兵器のこと。

（六）當試——「當」は會谷佳光氏（前掲論文）が王念孫『讀書雑志』荀子雑志の「念孫案、先祖當賢、即先祖嘗賢」によって「當」が「嘗」と通仮の関係にあるとし、その用例は同じく『荀子』性悪篇に「今當試去君上之埶」と見えることにより「こころみに」の意に解するのに従う。

（七）百洫――国家文物局古文献研究室は「洫」は「溢」の異体字で、「鎰」に読むべきだとする。「鎰」は金貨や宝石の目方の単位で一鎰を二十両と二十四両とする二つの説がある。国家文物局古文献研究室は二十四両説を採る（前掲書、三七頁注三）。

（八）孟賁――戦国時代の勇猛の士。『孟子』公孫丑上の疏に引く『帝王世紀』に「秦武王好多力之人、斉孟賁之徒並帰焉、孟賁生抜牛角」という。

（九）弓有――国家文物局古文献研究室は「弓有」は「弓弩」の誤りで、抄写した者が上に有の字があることによって誤って書いたとみる（前掲書、三七頁注四）。「弓弩」は「ゆみ」と「いしゆみ」のこと。

（一〇）侑――国家文物局古文献研究室のいうように「佐助」の意である（前掲書。三七頁注五）。

（一一）慶忌――春秋時代の人。呉の王僚の子。勇猛の士として知られる。『呉越春秋』「慶忌之勇、世所聞也。筋骨果勁、万人莫当。走追奔獣、手接飛鳥、骨騰肉飛、拊膝数百里」と。

（一二）宿夕――国家文物局古文献研究室は二字の欠字として残すが田熊信之・松宮貴之氏がいうように「宿夕」の二字を補うべきである。「宿夕」は「宿昔」と記されることもあり、一晩の意〔二松学舎大学馬王堆帛書研究会編『馬王堆漢墓出土老子甲本巻後古佚書明君篇』訳注（一）一九九六年三月、四〇頁注（一三）参照〕。

（一三）今操百……奪之矣――国家文物局古文献研究室は、帛書の文意は『戦国策』趙策三の「今有人操随侯之珠、持丘之環、万金之財、時宿於野、内無孟賁之威、荊慶之断、外無弓弩之禦、不出宿夕、人必危之矣」に近いという（前掲書、三七頁注七）。また、田熊信之・松宮貴之氏が欠字に「宿夕」の二字を補うのはこの文を根拠にしてのことである。

（一四）⿰金車適――⿰金車は會谷佳光氏が指摘するように「軨」の異体字であろう（前掲誌）。この後に見える「軨」と同じ。「隣」の仮借。「適」は「敵」の仮借。「軨適」とは隣敵のこと。国家文物局古文献研究室は古く「粦」「令」は声が近いという（前掲書、三七頁注七）

（一五）與世異李――この場合の「世」は後文に「今亓所以實邦充軍者」とあることから「今世」と理解する。

（一六）瑣――こまかに区分すること。先王が有能の士を選び能力別に職につかせたことをいう。

（一七）皆□□之人也――国家文物局古文献研究室は上の□所に「一」を補うが、図版によればそれは字の上の部分の横の一画が「一」のように残っているにすぎず、字そのものが「一」である可能性はない。帛書整理小組のように二字の欠字としておくのが無難であろう。

（一八）天――「夫」の誤り。

（一九）虚巻――国家文物局古文献研究室に従って「現金に変えることのできない契約」のこととみる（前掲書、三七頁注十）。現実には使えないことの比喩。

（二〇）賢士之所以――国家文物局古文献研究室は「賢之□所以」と判読するが、図版によれば「賢」の下に「士」の字が認められ、帛書整理小組のように「賢士之所以」とすべきであろう。

（二一）糳――白げた米。身を清潔に保つことの比喩。

（二二）篜――「蕘」の誤りであろう。『説文』は「蕘」に作り、「蕘、焦山、山高貌、从山堯声」という。衆人よりは一際抜きん出ていることをいうのであろう。

（二三）兵首釛――軍の先鋒のこと。『呂氏春秋』簡選篇に「斉桓公良車三乗、教卒万人、以為兵道」（国家文物局古文献研究室編前掲書、三七頁注十一挙例）と。

【口語訳】

私は明君（と呼ばれる方）は必ず（それにふさわしい内）実があると考えます。明君の（内）実がどのようなものかといいますと、小さくともそれでいて大きなことをなしえ、弱くともそれでいて強いことをなしえ……自分を尊くすることができます。これが明君の(内)実です。君主はなぜ尊くなれるのかといいますと、戦いに勝った場合君は尊いものです。(他国の領）地を攻撃して奪い取った…………地者。務めは攻撃と戦闘にあるだけでございます。そこで、賢士や明君は（務むべきは）その攻撃と戦闘にあることを知っております。だから国を挙げて兵（力）を積み重ねます。（その際には）世間から逃れ隠れている丈夫の（多く存在するこの）世に有能な士を集めはいたしますが、多く功績のない者を用いて彼らに厚賞を与えることはいたしません。無益な兵器を貯えて戦備の配置を有利にしようともいたしません。国中の有能な士を集めて明君だけがこれを所有いたします。だから国土を広げ強大な国となりえます。（国が）強大になれば天下の制圧がかないます。こうした訳で、うまく戦う者はその都城が（敵兵に）囲まれることはないし、うまく守る者はその領地が削られることもありません。守ることと戦うことは…国の大務であって、賢明な君主だけが兵力を積み重ねるのでありま す。だから（その力に）かなう者はいない、ということになります。

試しに身近なところで例えてみましょう。今、百鎰ほどの璧玉を持って野原に居たとします。その璧玉を持って居る者には孟賁のような勇力があるわけではありません。まわりに弓や弩の備えがあるわけでもありません。そうして、彼を助け守ろうとする人々の能力もまた（勇猛を以て鳴る）慶忌のようなものではありません。一晩のうちに夜盗のたぐいがこれを奪いとってしまうことが予想されましょう。さて今、万家の民衆や国内百人の地にこのような百鎰ほどの璧玉を（無防備のまま）持とうとしている者が多く存在いたします。こうした段階に立ち至って君主たる者には防御戦に出ても攻撃に打って出ても勝利する道理がないとすれば、隣国の敵兵が必ずやこの国を危うくすることが思われましょう。ですから、持っておりますものの価値が大きければ大きいほど、天下の人々がそれを欲しがる度合いは一層甚だしくなるのでございます。

そもそも、先王は一人の身でありながら天下を所有し、諸侯の中でもその地位を欲しがる者が………そうでありながら先王が天下を失うことがなかったのは……先王の天下を取りこれを守るやり方がもとより（今の）世と道理を違えていたからにほかなりません。先王が今の世と道理を違えていたのはなぜかといいますと、そもそも先王は為………爪や牙のような猛者を選び出し、国中の人々を才能によって選び出し、選び出した人々を天下に通じる有能の士に鍛えあげようとしたのは、（臣下を）細かに区別したことです。国の要職を埋め軍人に当てられた人々は皆……の人であります。そうした訳で、こうした兵士によって攻撃された場合には、天下の国々その進攻を止めることはできず、またこうした兵士によって防御される場合には、天下の国々その（国の）攻撃を試みることはありません。そうした訳で、天子の通常の臣下たちや諸侯の君を（他国に）遷し天下の人々が………を請うのは勝つことの道理があることに対し、やむを得ないことでした。

それに対し、現在の王が国の要職を埋め、軍人に当てている人々は、敵に勝つことのできぬ者たちです。そうしておいて、私は………始めて隣国の敵兵を屈服させるというのはすべて巫祝（まやかしびと）の言葉です。現実には用をなさない根拠によって言を立てる者であります。臣下たる者は自分を賢士の気持ちにさせて行動し、現実には用をなさない根拠によって言を立てるものではありません。賢士が王公を…するやり方は、身は白げた米のように清く行動して万民に傑出し、賢人や有能な人のやり方を踏襲して可以…………之、国内の中から豪胆な人々を選び出し、彼らに兵の先鋒を務めさせます。だから言うのです。才能を論じて彼らの職に報いてやり、功績を論じて厚く…………………して命令が行き渡ると。

第二段

臺室(一)則崇高、汙池(二)則廣深。亓所以飭之者、有以丹漆青黃鉅玉□□。此亓請美才。闌乎。先王之目非弗美也。已而周何故爲苿瘢枯柱(三)。曰、美氏不若美城。裘(四)封(五)營(六)瑩(七)□臺(八)華鬃(九)、先王非弗美也。然而左右之人縵帛之衣、踈轂(一〇)之冠者、曰、美〔氏不〕若美□兵。務敬弓弩(一一)、脩車馬馳騋(一二)也、獵射雉虎、必勝之、主非弗樂也。然〔而〕□□□者、曰務氏不若禁暴。

故詩曰、高丘之下、必有大峽。高臺之下、必有深池(一三)。以爲非峽亓下也、則不能成亓高。夫故先王地亦人少、□□□强、功及帝王。意以三者(一四)爲峽輿。先王之養□□鐘鼎壷泔(一五)、淺而爲□□□□爪飭、盡爲兵用。故□苑則亶群、汙池則盡漁、以食戰士。夫故當壯奮於鬭、老弱奮於守、三軍(一六)之士握鎗者畝若報父母之厶者、盡徳亓君而利亓利也。今世主則不然。卷馬(一七)食叔粟、戎馬(一八)食苦芊(一九)。復庾朱(二〇)襦(二一)食良肉、戰士食參駟(二二)之食。□□係裨(二三)衣錦繍、戰士衣大布而不完。有行此道也而能戰勝守固者、□未之嘗聞也。

臺室は則ち崇高にして、汙池は則ち廣深なり。亓《そ》の之を飭(飾)る所以の者は、有《ま》(又)た丹・漆・青・黃・鉅(銀)・玉……を以てす。此れ亓の請《じょう》(情)美なる才《かな》(哉)。闌(爛)なるかな。先王の目は美とせざるに非ざるなり。已にして周は何の故に苿(茅)瘢(茨)枯〈栝〉柱と爲るや。曰く、美は氏(是)れ城を美にするに若かず。裘・封・營・瑩……・臺・華鬃は、先王美とせざるに非ざるなり。然り而して左右の人の縵帛の衣にして、踈轂の冠なる者は、曰く、美は氏(是)れ……兵を美にするに若かざればなり。務めて弓弩を敬《た》(檠)め、車馬を脩めて馳騋(驟)し、獵して雉(兕)虎を射て、必ず之に勝つは、主は樂しまざるに非ざるなり。然り而して……者、曰く、務めは氏(是)れ暴を禁ずるに若かざればなり。

故に詩に曰く、高丘の下、必らず大峽（峡）有り。高臺の下、必ず深き有りと。以爲《おも》えらく、亓の下を峽（峡）するに非ざれば、則ち亓の高きを成す能わず。夫の故に先王は地は亦《せま》（夾）く人は少くして、……強、功は帝王に及ぶ。意《おも》うに三者を以て峽（峡）と爲す輿《か》（與）。先王の養……鐘鼎壷泔（鑑）、淺《そこな》（殘）いて爲………凧（佩）飭（飾）、盡く兵の用と爲す。故に……苑は則ち群を亶《つ》（殫）くして、汙池は則ち漁を盡くして、以て戰士に食わしむ。夫の故に當壯は鬭いに奮い、老弱は守りに奮い、三軍の士は鐱（劍）を握りて敵（敵）を者《ほふ》（屠）ること、父母の叴《あだ》（仇）に報ずるが若きは、盡く亓《そ》の君を德として亓の利を利とすればなり。

今の世主は則ち然らず。巻（圏）馬は叔（菽）粟を食らい、戎馬は苦（枯）芊（稈）を食らう。復庾・朱（侏）襦（儒）は良（粱）肉を食らい、戰士は㕘（驂）駟の食を食らう。……係（奚）婢は錦繍を衣《き》、戰士は大布を衣て完からず。此の道を行いて能く勝ち守ること固き者有るは、……未だ之れ嘗て聞かざるなり。

【注釈】

（一）臺室――『荀子』富国篇に「為之宮室台榭」と見えるように、台榭（屋根のある高殿）と宮室のこと。

（二）汙池――水たまりや池。ここでは『孟子』滕文公下篇に「壊宮室以為汙池」と見えるような魚を飼うための池を指す。

（三）茱疢枯柱――国家文物局古文献研究室は『逸周書』文伝の「不為驕侈、不為泰靡、不淫於美、括柱茅茨為民愛費」、その孔晁注「言務倹也。因就木枚曰括」を示し、「括」が『太平御覧』では「栝」につくるところから、「括」は「栝」の意であって、それは木の盛り上がったこぶしや又のところで梁を受ける簡単で粗末な造りを言う、という（前掲書、三七頁注十二）。これに従う。この文章は幽王時の犬戎の乱を契機に一挙にその勢力を失った周王朝弱体化の状態を指すであろう。

（四）裘――かわころも、毛皮の衣のこと。

（五）封――古く周代には諸侯を封ずる際に封地の方向を色で表す五色の土を賜ったというが、その際の封土をいおう。『説文』に「爵諸侯之土」といい、徐箋に「逸周書作雒解曰、諸矦受命於周、乃建大社於国中、其壝東青土、南赤土、西白土、北驪土、中央釁以黄土、将建諸侯鑿取其方面之土包以黄土、苴以白茅以為土封」と。あるいは「圭」の誤りか。

（六）營――營は塋に通じ、顔師古が「塋、墓域也」というように、墓のある地所を指す。けれどもそれでゆけば帛書の場合、意をなさない。帛書の營はおそらくは宮の誤りでその意味は宮殿であろう。

（七）瑩――『説文』に「瑩、玉色也。从玉熒省声。…一曰、石之次玉者」と。帛書の「瑩」は玉に次ぐとされる宝玉とみるべきである。『詩』衛風・淇奥篇に「充耳琇瑩」といい、その毛伝に「琇瑩、美石也」と。

（八）臺――楼台のこと。

（九）槃――「欒」の誤りか。欒は『広雅』釈宮に「曲枅謂之欒」といわれ柱の枅（ますがた）で柱上の湾曲した部分を指す。その「曲枅」のようすは王文考の「魯霊光殿賦」に「層櫨磥垝以岌峨、曲枅要紹而環句」のようにその壮麗さが謳われている（『文選』巻十一）。

（一〇）疎縠――疎は「麤」の意で布目の粗いこと。「縠」は『説文』に「縠、細縛也」といい、我が国の「ちりめん」に相当する。

（一一）敬――「檠」に同じ。「檠」とは弓の曲がりを矯正すること。

（一二）馳駷――馬や馬車に乗って駆け巡ること。

（一三）詩曰……有深池――『詩』は佚詩で現在伝わらない。詩中の「埉」の字については、国家文物局古文献研究室は右傍は「亦」の字に似るという（前掲書、三七頁注十三）が後の「先王地亦（夾）」の「夾」は図版を見る限り明らかに「亦」である。ただこれでは文意をなさないから、「⿰土亦」は「埉」の誤りで、文脈状は「峡」の意。「亦」は「夾」の誤りとする国家文物局古文献研究室の判断に従っておく。「埉」とは『淮南子』原道訓の高誘注に「両山之間為峡」というように「山間の谷」が原義。基盤が左右から掘り固められ、支えられていることの比喩であろう。

（一四）三者――美城・美兵・禁兵を指すのであろう。

（一五）泔――国家文物局古文献研究室は『呂氏春秋』節葬篇の「鐘鼎壺濫」の「濫」が劉本では「鑑」に作られるのを根拠に、「泔」は「鑑」の仮借字であるという（前掲書、注十四）。陳奇猷は鑑・濫は等しく監の孳乳字で、古くは盆に水を張って自分の形を写したことから監といい、水を張るという点からは濫といい、盆が金属製であることからは鑑といった。…今日の出土文物の中には盆のような器は非常に多いが、その中のどれを指して鑑といったかは不明である、という（『呂氏春秋』節葬篇注）。

（一六）三軍――周代においては、周は六軍。これに対し諸侯は上・中・下の三軍と定められていた。『周礼』夏官序官によると一軍は一万二五〇〇人である。ここで三軍というのは全軍の総数三万七五〇〇人を指す。

（一七）巻馬――檻の中で養われる飼馬。

（一八）戎馬――戦場で使役される馬。

（一九）苦芊――「苦」は「栝」、「芊」は「稈」の仮借字であろう。「稈」は稲や麦の茎。「枯稈」というのは牛馬の食用にもならない枯れた稲や麦の茎のこと。

（二〇）復庾――国家文物局古文献研究室によれば、一説に復は反であり、「庾」は倉庫の屋根のないもののことで、「復庾」とは倒壊した倉庫の中の穀物に黴が生え泥砂が混じって食することのできぬ状態、また一説では「復」は「優」の誤字で、「臾」は「諛」に読むべきである。『管子』四称篇に「昔者無道之君、進其諛優、繁其鐘鼓」とみえる「諛優」が「優諛」のことで、その意味は君主に諂って取り入る俳優のことである、という（前掲書、三七頁注一五）。今は後説を採る。

（二一）朱襦――「襦」は「儒」。「侏儒」とは小人の俳優。

（二二）參駟――「參」は「驂」であって、駟とともに戦車を引く馬。驂は三頭立ての場合であり、駟は四頭立ての場合である。

（二三）係婢――国家文物局古文献研究室は「係」は「奚」に通じ、「奚婢」というのは『周礼』天官序官の鄭玄の注に「古従坐男女、没入県官為奚、今之侍史官婢」とあるように、官僚の下で働く官婢のことである、とする。

【口語訳】

台榭（屋根のある高殿）や宮室はこの上なく高く、（魚をめでる）沼や池は広くて深くなっております。これを飾り立てる方法としてまた丹（あか）・漆・青・黄・銀・玉……を用います。こうであれば、その様子はなんと美しく、なんと絢爛たることでありましょう。先王の目は（美しいものを）美しいとしないのではありません。ほどなくして、周王朝（の宮殿）が茅葺きの屋根に木の又やこぶしを梁に繋ぐ粗末な造りになったのはなぜでしょう。（ですから）こう言います。美しいというのは城郭を美しく（＝堅固に）するにこしたことはないと。裘（かわころも）・諸侯を封爵する際に賜る五彩の土・（壮麗な）宮殿・宝石・（壮大な）楼台・（華麗な）柱上の湾曲した枅などは先王も美しいとしないわけではありませんｌ。そうではありますが、（先王の）侍臣たちが模様のない帛の衣を着用し、目の粗いちぢみの冠を被っていたのは、美しいというのは……兵を美しくすることにこしたことはないことを思えばこそであります。務めて弓や弩の曲がりを正し、車馬に手を入れて疾駆させ、狩りを行って兕（水牛に似た一角獣）や虎を射当てて（軍事教練し、そして敵兵に）必勝を期すことは、君主たる者楽しまないことはありません。そうではありますが、………者、務めというのは暴虐な振る舞いを止めさせるにこしたことはないことを思えばこそであります。

だから『詩』にも「高い丘の下には必ず大きな峡谷があり、高台の下には必ず深い池がある」といいますが、（それは）その下部を峡（はざま）の状態にするのでなければその上部を高くすることのできないことを言ったものと思われます。こうした訳で、先王は、地は狭く人は少なくとも、………強、功績は五（帝）三（王）にも及びます。思いますに（それは「城郭を美しくする」「兵を美しくする」「暴虐な振る舞いを止めさせる」という）三つのことを（創業の基としての）峡（の状態）にしたためではありませんか。先王の養われた……・鐘・鼎・壷・鑑（水を張る盆）は壊して………とし、帯玉や装飾品はことごとく兵の用に供出されました。ですから御苑の中からは動物の群れがすっかり捕えられ、沼や池からも魚が捕り尽くされて、戦（いに赴く兵）士の食事にふるまわれたのであります。こうした訳で、壮年の者が戦闘の中で奮い立ち、老人や少年が防御戦の中で奮い立ち、三軍の兵士が剣を握って敵兵を倒して行く様子が父母を殺した仇敵に復讐せんばかりであったのは、すべて君主（の殊遇）を徳と（してその恩に報いようと）し、君主の（受ける）利益を自分にとっても利益としたからにほかなりません。

（ところが）今の君主となると、このような訳にはまいりません。垣根の中で（のうのうと）養われる馬は（人が食すべき）菽（まめ）や粟を食らい、（逆に）戦場を駆ける兵馬は枯れた稲や麦の茎を食らうありさまです。君主に諂う俳優や小人の俳優は極上の肉を食らい、（逆に）戦場で（命を投げ出して）戦う兵士は、戦車を引く馬の餌を食らわざるをえないありさまです。……官婢の下賤な者が錦繍織りの立派な衣を着、（逆に）戦場の兵士は大布を被ってさえ満足のゆくものではないありさまです。こうしたやり方を行って、戦いに勝ち守りを強固にすることができた者があったということは、聞いたためしがありません。

第三段

人君有大務。人君〔之〕大務、何也。曰、存亓所樹積（一）。亓所樹積者、何物也。曰、〔弱〕物也、半邦而削、盈邦而亡。亓所樹積、强物也、半邦而霸、盈邦而王。臣□□□□取於樹强。樹强柰何。曰、毋以非兵者害兵。曰、兵者所不好也、與可罪也。戰□不勝則不過失夫所不好耳。夫所好之積猶可得而有也、則何說（二）而必積於兵。意夫不勝之爲道（三）也、不得有夫非兵之積乎。有以知亓然也。

昔者齊人與燕人戰於北地、齊人不勝、北〔地〕斷而爲燕（四）。戰於濟外、齊人不勝、濟外斷而爲天下（五）。戰於邦蒿（六）、齊人不勝、邦□□□、不得有亓大呂鄗勞（七）。剴直不得有亓大呂鄗勞耳才。不得有亓王后。剴〔直〕不得有亓王后耳才。不得〔有〕亓身（八）。故夫不勝之爲道也、固无得有□。

人之言必勝者胃何才。曰、使地工昒（九）、諸侯有職（一〇）、目極色而視之、口〔極味〕而食之、耳極聲而恥之。然則養耳目之樂、莫若必勝、安邦信志、莫〔若〕□□。□使天下工昒、諸侯有職、此剴弱者。此强者。此剴夫見制者才。此制人者也。故勝與不勝、如此明也。已而大君非壹褚輿（一一）邦而積於兵者、□不得亓說。

夫先王□□必勝也、非剸以爲身、以爲天下也。先王將欲（一二）廣仁大義以利天下、弱者不能非、强□□而君者、大君必出縣於兵。故曰、明君有廣之〈也〉。有大也也。有處也。有用也。有積也。有侍也。有務也（一三）。以夫明君之所廣者仁也。所大者義也。〔所〕（一四）處者誠也。所用者良也。所積者兵也。所寺者時也。所務者暴也。□曰、廣仁則天下親之、大義則天下與之、處誠則天下信之、用良則天下□〔之、積〕兵則必勝、寺時則功大、務暴則害除而天下利。

人君に大務有り。人君の大務とは、何ぞや。曰く、亓《そ》の樹て積む所を存せよと。亓の樹て積む所の者とは、何物ぞやと。曰く、弱物なれば、邦を半ばにして削られ、邦を盈たして亡ぶ。亓の樹て積む所、强物なれば、邦を半ばにして霸たり、邦を盈たして王たり。臣………强を樹つるに取る。强を樹つるは柰（奈）何。曰く、兵に非ざる者を以て兵を害する毋かれ。曰く、兵は好まざる所なるも、與に罪す可きなり。戰……勝たざるは則ち夫の好まざる所に過失するのみならず。夫の好む所の積むすら猶お得て有す可くんば、則ち何をか說《よろこ》（悦）びて必ず兵を積まん。意《おも》うに夫の勝たざるの道爲《た》るや、夫の兵に非ざるの積むを有するを得ざらしむか。以て亓の然るを知る有るなり。

昔者《むかし》齊人、燕人と北地に戰い、齊人勝たずして、北地斷たれて燕と爲る。濟外に戰いて、齊人勝たずして、濟外斷たれて天下と爲る。邦蒿に戰いて、齊人勝たずして、邦………、亓の大呂・鄗勞を有するを得ず。剴《あ》（豈）に直だに亓の大呂・鄗勞を得ざるのみならん才《や》(哉)。亓の王后を有するを得ず。剴(豈)に直だに亓の王后を有するを得ざるのみならん才《や》(哉)。亓の身を有するを得ず。故に夫の勝たざるの道爲るや、固より……有るを得る无し。

人の必ず勝つを言う者は何を胃（謂）う才《や》（哉）。曰く、地をして昒を工《おさ》めしめ、諸侯をして職有らしめ、目は色を極めて之を視、口は味を極めて之を食らい、耳は聲を極めて之を恥（聽）く。然らば則ち耳目の樂しみを養うは、必ず勝つに若くは莫く、邦を安んじ志を信（伸）ばすは、……に若くは莫し。……天下をして昒を工め、諸侯をして職有らしむるは、此れ剴（豈）に弱者ならんや。此れ强者なり。此れ剴（豈）に夫の制せらるる者ならん才《や》（哉）。此れ人を制する者なり。故に勝つと勝たざるとは、此の如く明らかなり。已にして大君は褚を壹にして邦を輿して兵を積む者に非ざれば、……亓の說を得ず。

夫れ先王は……必ず勝つは、剸《もっぱ》（專）ら以て身の爲にするに非ず、以て天下の爲にするなり。先王、仁を廣め義を大《とうと》び以て天下を利せんことを將欲すれば、弱者も非とする能わず、强……君者、大君は必ず兵繇《よ》（由）り出づ。故に曰く、明君は之を廣むる有るなり。大ぶ有るなり。處る有るなり。用うる有るなり。積む有るなり。侍（待）つ有るなり。務《と》る有るなり。以《おも》えらく、夫の明君の廣むる所の者は仁なり、大ぶ所の者は義なり。處する所の者は誠なり。用うる所の者は良なり。積む所の者は兵なり。寺《ま》（待）つ所の者は時なり。務る所の者は暴なり。……曰く、仁を廣むれば則ち天下之に親しみ、義を大べば則ち天下之に與し、誠に處れば則ち天下之を信じ、良を用うれば則ち天下之を……、兵を積めば則ち必ず勝ち、時を寺（待）てば則ち功大に、暴を務れば則ち害除かれて天下利す。

【注釈】

（一）樹積――「樹」は樹立、「積」は蓄積のこと。君主が立てる施策（軍事）方針を国家の資産として所有すること。「樹」が国家の施策上の概念として用いられている例は、例えば『管子』修権篇に「一年之計、莫如樹穀。十年之計、莫如樹木。終身之計、莫如樹人」のように見える（會谷佳光氏挙例、前掲誌）

（二）説――「悦」に同じ。

（三）不勝之爲道――勝たないことがどのような道であるかの意であるが、この場合の道を様子・状態の意で捉えておく。負けることが齎す結果は、のニュアンスである。

（四）北地斷而爲燕――国家文物局古文献研究室は、「北地」とは「斉の北境」で、また「河北」ともいう。昔の黄河以北、今の河間一帯を指す。『史記』『戦国策』『呂氏春秋』等の記載によれば、紀元前二八四年に燕は秦・韓・魏・趙・楚と連合し斉を攻撃し、莒や即墨以外の地を全て占領した、という（前掲書、注十七）。蘇秦や張儀によって唱えられた「合従連衡策」がまだ社会的な趨勢としてその余韻を留めていたことを示す象徴的な事件とみるべきであろう（解説参照）。

（五）濟外斷而爲天下――国家文物局古文献研究室は「濟外」とは「濟西」をいい「天下」とは「各国」のことである、『史記』田斉世家に斉の湣王の時のことを記し「燕・秦・楚・三晋合謀、各出鋭師以伐、敗我濟西」というのがこの時のことである、という（前掲書、三七頁注十八）。

（六）邦蒿――「邦」は「国」に同じ。ここでは「国都」の意。「蒿」は、国家文物局古文献研究室は「郊」と読むべきであろうと疑う（前掲書、三七頁注十八）が、會谷佳光氏挙例の『周礼』地官司徒載師職の鄭注「郊或為蒿。……杜子春云、蒿読為郊」（前掲誌）によって、そのように読むべきである。邦蒿とは、国都の郊外の意である。

（七）大呂・鄭勞――国家文物局古文献研究室は「大呂」は鐘の名。『戦国策』燕策二に「斉王逃遁莒、僅以身免。珠玉財宝、車甲珍器、

尽収入燕。大呂陳於元英。故鼎反於歴室、斉器設於寧台」と。「鄗勞」は未詳。「鄗」の字の左傍は「黄」でない可能性がある。『春秋穀梁伝』に「孟労、魯之宝刀也」と。これかもしれない、という（前掲書、三七頁注二〇）。また、會谷佳光氏は「鄗」は「黄」に通じ、黄金の意。「勞」は「刀」の仮借字で、「鄗勞」とは黄金で飾られた宝刀の意であろうとする（前掲誌）。一説であろう。

（八）不得有亓身——国家文物局古文献研究室は「得」の字の下に「有」の字を脱すという。今補う（前掲書三七頁、注二一）。

（九）使地工昒——国家文物局古文献研究室は下文の「使天下工昒」も併せ、「工昒」は「攻畝」と読み、「治田畝」の意であろう、銀雀山漢墓より出土した竹簡『孫子』の佚篇「呉問」も「畝」を「昒」と書いている、『管子』乗馬数篇に「此斉力而功地」と見える「功地」も「攻畝」のことで、いずれも皆田畝の修治をいう、という（前掲書、三七頁注二二）。

（一〇）職——貢職をいうのであろう。

（一一）壹褚——国家文物局古文献研究室は、褚は緒と読むべきで、一緒とは一事・一是というのと同様である、という（前掲書、三七頁注二三）。會谷佳光氏は『説文』に「褚、卒也」とあることから褚を兵卒と見、「壹褚」とは兵卒の心を戦争に専一化することであろうという（前掲誌）。一説であろうが、国家文物局古文献研究室の解釈の方が素直であろう。

（一二）将欲——将は欲の意。将欲とは願い望むこと。

（一三）有務也——国家文物局古文献研究室は、『説文』は務を古文の養の字とする。『詩』周頌・酌篇の「於鑠王師、遵養時晦」の毛伝に「養、取。晦、昧」といい、下文の「務暴」の「暴」は「昏乱の君」を指す。「務暴」と「養晦」とは意味が近い、という（前掲書、三八頁注二四）。務とは暴君を討ち取ることをいう。

（一四）處者誠也——国家文物局古文献研究室は處の字の上に所の字を脱すという（前掲書、三八頁注二五）。

【口語訳】

君主たる者には大いなる務めがございます。君主たる者の務めは何か、といいますと、それは樹立したものと蓄積したものを（そのまま）持ち続けるということです。その樹立したものと蓄積したものとはどういうものかといいますと、樹立され蓄積されたものが弱い物である場合には、それが国の半ばにまで達すると国は（他国に）削られ、国いっぱいにまで満ち溢れますと国は滅びます。その樹立し蓄積したものが強い物である場合には、それが国の半ばにまで達して覇者となり、国いっぱいに満ち溢れたときには王者となります。臣………、強い方を取る（べきです）。強い物を樹立するというのがどういうことかといいますと、兵以外のもので兵を害ってはならないということです。といいますのは、兵は好ましくないものではありますが（悪逆を）罰するためには必要なものであります。戦って……勝たないということはその（兵は）好まない（から要らない）という点で誤まるだけではすみません。そもそも好むものを蓄積することができさえしたら、どうして（好むことのない）兵を喜んで蓄積することなどいたしましょう。思うにあの（戦って）勝たないということの結果は、あの兵以外の物を所有することも許さないということではありませんか。そうであることを知る手掛かりがございます。

昔、斉の軍が燕（を始めとする秦・韓・魏・趙・楚の連合）軍と北地で戦うことになりましたが、斉の軍は戦わないままその北地の領土を分断され、燕の国に編入されてしまいました。（また斉の軍は）済外で戦い、斉軍は勝つことができず、その済外の地は分断され（連合に参加した）各国の兵で溢れかえりました。（また斉の軍は）国都の郊外で戦い、斉軍は勝つことができずに、国………、その（国宝である）大呂という鐘、孟労という名刀も所有できなくなりました。（こうした状況であれば）どうして大呂や孟労を所有できなくなっただけですみましょう。その王后も所有できなくなりました。だからどうして王后を所有できなくなっただけですみましょう。その自分自身の身体も所有できなくなったのでございます。だから、あの（戦って）勝たないということの齎す結果は、もとより…を所有することができないということであります。

必ず勝つという人が何を言うかといいますと、土地については田畝を耕作させ、諸侯については貢職を滞りなく（納めさせ、目は美しい色合いを極めんばかりに視、口はおいしい味わいを極めんばかりに食し、耳は美声を極めんばかりに聴くことであります。そうであれば耳や目の楽しみを養おうとすれば必ず勝つということにこしたことはないし、国を安泰にし心を舒びやかにするのは……にこしたことはありません。天下の人々に田畝を耕作させ諸侯に貢職を滞りなく行わせる者が、どうして弱者でありましょう。この人こそは他人を制圧する者であります。だから勝つことと勝たないこと（の差）はこのように明白です。こういう経緯で誕生する大（務の）君のことは、一度国を興して兵を蓄積した者でなければ…その説を理解することができません。

そもそも先王は……必ず勝ちました。（それは）やたら自分のために為したのではなく、天下のために為したからであります。先王は仁を広め義を尊んで天下を裨益しようと願っておられましたから、弱者であろうと非難することはなく、強……而君者、大君は必ず兵（を蓄積した者の中）から出現いたします。だから言うのです。明君は広めることがあり、尊ぶことがあり、処ることがあり、用いることがあり、蓄積することがあり、待つものがあり、（討ち）取ることがあると。（これは）かの明君が広めたものは仁であり、尊んだのが義であり、居たところが誠であり、登用したのが善良な人物であり、蓄積したのが兵であり、待ったのが時期であり、（打ち）取ったのが暴君であることをいったものでありましょう。……（次のように）言うのです。仁を広めたなら天下の人々が彼に親しみの気持ちを持ち、義を尊んだなら天下の人々が彼に味方し、誠に居たならば天下の人々が彼を信頼し、善良の人を登用したならば天下の人々が彼を……し、兵を蓄積したならば必ず勝ち、時期を待ったならば功績は大きくなり、暴君を（打ち）取ったならば害毒は除かれて天下に利益がもたらされると。

徳聖篇

四行成、善心起。[二]四行刑、聖氣作。[三]五行刑、悳心起。和胃之悳。亓要胃之一。[四]亓愛胃之天。[五]有之者胃之胃〔君〕[六]子。五者一[七]也。清濁者悳之人。[八]悳者清濁之潚。[九]身調而神過、[一〇]胃之玄同。[一一]聖□蹐然者、譈然者、[一二]發箽而盈天下者。聖、天知也。知人道曰知、知天道曰聖。聖者聲也。[一三]聖者知、聖之知知天、亓事化翟。[一四]亓胃之聖者、取諸聲也。知天者有聲。知亓[一五]〈而〉不化、知也。化而弗知、悳矣。化而知之、叕也。[一六]道者、悳者、一者、天者、君子者、亓閉盈、[一七]胃之徳、亓行胃之道、亓賢□者□備□□□□□、故曰奮然作矣。〔幾〕至之者也。[一八]□□是□□□□善□□□□□□聖而忘退、[一九]悤明去知、兪己而上□□□見之則□不用焉□脩之於天下也。恒□經、經者至率至青、何以能爲□□□□自爲者□悤明焉。[二〇]不可見者以爲□手足不□□□□□□□□□□□□□□□□度爲者□□□則□□□度爲者□□□□□□□□□□□□□□□□□□好者胃所受□□有厚泊。亓之善同后爲之。后之已高、所登愈高、[二一]□□□□□□亓所受、受亓有也。□□有□不可以求得也。

四行成りて、善心起こる。四行刑《あら》（形）われて、聖氣作《お》こる。五行刑（形）われて、悳（徳）心起こる。和する之を悳（徳）と胃《い》（謂）う。亓《そ》の要之を一と胃（謂）う。亓の愛する之を天と胃（謂）う。之を有する者之を君子と胃（謂）うと胃（謂）う。五者は一なり。清濁は悳（徳）の人〈居〉なり。悳（徳）は清濁の潚（淵）なり。身調《ととの》いて神過ゆ、之を玄同と胃（謂）う。聖……蹐然たる者、譈然たる者、發箽（揮）して天下に盈つる者なり。聖は、天の知なり。人道を知るを知（智）と曰い、天道を知るを聖と曰う。聖は聲なり。聖は知（智）なれども、聖の知（智）は天を知り、亓の事化翟たり。亓の之を聖と胃（謂）う者は、諸を聲に取るなり。天を知る者は聲有り。知りて化せざるは、知（智）なり。化して知らざるは、悳（徳）なり。化して之を知るは、叕なり。道なる者、悳（徳）なる者、一なる者、天なる者、君子なる者は、亓の閉盈、之を徳と胃（謂）い、亓の行い之を道と胃（謂）い、亓の賢……者……備…………、故に曰く、奮然として作ると。幾《ほとん》ど之に至る者なり。……是……善…………聖にして退くを忘れ、悤（聰）明知（智）

を去り、兪已而上……之を見れば則ち……不用焉……。之を天下に脩むるなり。恒……經、經は至って率（素）、至って青（精）、何を以て能く……爲さん。自ら爲す者は……悤（聰）明なり。見る可からざる者は以爲《おも》えらく、……手足不……度爲者……則……度爲者……好とは受くる所の……に厚泊（薄）有るを胃（謂）う。亓の善は后れて之を爲すに同ず。之に后るること已だ高ければ、登る所愈いよ高く……亓の受くる所、亓の有を受くるなり。……有……以て得るを求む可からざるなり。

【注釈】

（一）国家文物局古文献研究室編『馬王堆漢墓帛書（壹）』（文物出版社、一九八〇年三月）を底本として使用する。ただし、国家文物局古文献研究室の数え方でいけば四五八行目、帛書整理小組の数え方でいけば四五九行目以下は、残欠が甚だしく文意をなさず、また国家文物局古文献研究室と帛書整理小組の間には帛書の残字を続ける位置に違いがあることから、その箇所以下は国家文物局古文献研究室の釈文によらず帛書整理小組の釈文によることにする。それは単に帛書整理小組の釈文の方が意味が拾いやすいことによるにすぎない。まま他の論考によって字句を補った所があるが、その都度注記する。

（二）四行成、善心起――「帛書五行篇」の「四行和、胃之善」「仁義禮知之所由生也。四行之所和則同、同則善」と同じ。四行は仁・義・禮・知を指す。

（三）聖氣――魏啓鵬氏は五行篇の「五行皆刑于闕内、時行之、胃之君子」から推して「仁義礼智が心の中に現れて初めて興起しえる」と説く（『徳行校釈』「帛書四行校釈」巴蜀書社、一九九一年八月、七九頁）。聖気とは徳聖篇の「知天道曰聖」に見える「聖」の気のことで、天を認識する気質・能力をいおう。

（四）亓要胃之一――国家文物局古文献研究室は「要」を「愛」と判読している（前掲書、三九頁）が無理である。魏啓鵬氏は「要」を「慎独」のこととする（前掲書、七九頁）。

（五）亓愛胃之天――魏啓鵬氏は、愛は『論語』憲問篇の「愛之、能勿労乎」の皇疏に「愛、慕也」、『孟子』万章上篇の「人少則慕父母」の趙注に「慕、思慕也」とあるように、帛書の愛は「慕」や「思」であって、それは五行篇の「聖之思也軽、思也者思天也」と同様であることを指摘する（前掲書、七九頁）。

（六）胃君子——帛書整理小組・国家文物局古文献研究室ともに子は君子の誤りであるとする（前掲書、三九頁注二）。

（七）五者——何を指すかは判然としない。今は魏啓鵬氏に従って後文の「道者・徳者・一者・天者・君子者」を当てておく（前掲書、八〇頁）。

（八）清濁者恴之人——国家文物局古文献研究室は人とは果実の中の仁（果実の種）を指し、ここは引伸義を用い今日の核心と同意に使用する（三九頁注三）というが、その説は朱駿声の『説文通訓定声』に見える。けれども、魏啓鵬氏がいうように国家文物局古文献研究室の説は無理であろう。魏啓鵬氏はこの箇所の「人」はもともと「居」の字の残字の「ア（尸）」の部分で、人と同じ形であるから人と読まれることになったとする。また魏氏は「清濁」は音楽の「清声」「濁声」であるとして、その旨は『国語』下の「耳之察和也、在清濁之間」・『礼記』楽記篇の「倡和清濁、迭相為経。故楽行而倫清、耳目聰明、血気和平、移風易俗、天下皆寧」と通ずるという（前掲書、八〇頁）。

（九）潚——魏啓鵬氏は「潚」は「淵」であり、「府奥」であるという（前掲書、八〇頁）。

（一〇）身調而神過——「過」は超えること。『呂氏春秋』の「天（高注、天、身也）全則神和矣、目明矣、耳聰矣、鼻臭矣、口敏矣、三百六十節皆通于利矣。若此人者…精通於天地、神覆乎宇宙」と同意である。

（一一）胃之玄同——国家文物局古文献研究室は『老子』徳経の「是謂玄同」・成玄英の疏の「与玄理符同」によって説明する（前掲書、三九頁注四）。また、魏啓鵬氏は、『老子』玄徳篇に「和光同塵」の働きを「玄同」と表していることから、帛書の「玄同」をこの意味で把握しようとする（前掲書、八一頁）。けれども、帛書の「玄同」は『淮南子』原道訓の「是故無所善、而無所怒、無所楽、而無所告。万物玄同、無非無是、化育玄燿、生而如死」の中の「玄同」に近い。帛書の「玄同」とは原道訓中に見られるような感情が治まった、もしくはそうした感情の静止した状態を名詞化して生まれた語であろう。

（一二）踣然・誸然——魏啓鵬氏は「踣」を「諳」と読んで『玉篇』の「諳、大声」に、「誸」を「弈」と読んで『広韻』入声・昔韻の「弈、大也。又軽麗貌」にその解釈を求める（前掲書、八二頁）。今はしばらくこれに従う。

（一三）聖者聲也——『白虎通』聖人篇に「聖者通也。道也、声也。道無所不通、明無所不照、聞声知情、与天地合徳、日月合明、四時合序、鬼神合吉」と。また『風俗通義』の佚文に「聖者、声也。通也。言其聞知情、通於天地、条暢万物、故曰聖」（『太平御覧』巻四二）と。

（魏啓鵬氏、前掲書、八二頁挙例）

（一四）化翟——魏啓鵬氏は「翟」と「狄」とは通用の関係にあり、「狄」と「易」とは古音通仮の関係にあるとして、「化翟」とは「化易」のこと。『荀子』君子篇に「政令致明、而化易如神」というように「変化移易」の意である。「亓事化翟」というのは『孟子』尽心下篇の「大而化之、之謂聖」と互いに発明しあう、という（前掲書、八三頁）。

（一五）知亓——「亓」は魏啓鵬氏のいうように「而」の意であろう（前掲書、八三頁）。

（一六）叕——帛書整理小組は『淮南子』人間訓「愚人之思、叕」の高注「叕、短也」をこの字の解に当てる。魏啓鵬氏はこの語は「たとい有徳者が万物を化育しても自らその働きを知るとしたら…その徳を失う」と解する（前掲書、八四頁）が、魏説の方が文意が通る。

（一七）閉盈——『呂氏春秋』君守篇に「外欲不入謂之閉」と（魏啓鵬氏、前掲書、八六頁挙例）。また「盈」を国家文物局古文献研究室は「塞」と読むが誤り。

（一八）幾至而之者——ここ（国家文物局古文献研究室の数え方でいけば四五八行目、帛書整理小組の数え方でいけば四五九行目）以下は、国家文物局古文献研究室の釈文によらず帛書整理小組の釈文による。

（一九）聖而忘退——国家文物局古文献研究室は「聖」を「坐」に読んで「坐而忘退、悤明去知、兪己而上同」を四六一行目に移すが、従わない。

（二〇）自爲者□悤明焉——「自為者有悤明焉」という文が『老子』修観篇に見える。が、帛書の方の欠損が甚だしく、文意の判読は無理である。

（二一）亓之善……登愈高——魏啓鵬氏はこの数語が黄老思想の「謙虚自守」の説に似るとして『老子』の「江海所以能爲百谷王者、以其善下之。故能為百谷王。是以欲上民、必以言下之、欲先民、必以身後之」・『文子』道徳篇の「夫欲上人者、必以其言下之、欲先人者、必以其身后之。天下必效其歓愛、進其仁義、而无苛気。居上而民不重、居前而衆不害、天下楽推而不厭」を引く（前掲書、八五頁）。これに従って解釈する。

【口語訳】

（仁義礼智の）四（つの徳）行が完成されて善の心が（湧き）起こる。（仁義礼智の）四（つの徳）行が（心の中に）発現して聖の気が起こる。（仁義礼智に聖の徳を加えた）五（つの徳）行が（心の中に）発現して徳の意識が起こる。調和した状態を徳といい、その要諦を一といい、その慕い思う対象を天といい、これ（らすべて）を身に備えている者を君子というのである。（道・徳・一・天・君子の）五者は（同）一である。

（音楽上の）清音と濁音は徳の居所である。徳は清音と濁音の府奥（くらおく）である。身体に調和が保たれて、精神（身体）を越え（周流す）るのを玄同という。

聖気を備えた者は大きな音色で鳴りわたる者であり、大きく軽妙に華麗にめぐりゆく者であり、（それらの働きを）発揮して天下に満ち溢れさす者である。聖とは天に関する知恵である。人の道を知ることを智といい、天の道を知ることを聖という。聖とは声（を聞いただけでその実情を推知できること）である。聖は智であるが、聖の智とは天を知ることで、その聖が従事する役割りは（万物を）教化し（人々の性情をよい方に）移すことである。そのようにすることを聖というのは、声（を聞いただけで実情を推知できるそ）の能力に基づくのであって、天を知る者は声（を聞いただけで実情を推知できるそ）の能力を備えている。智でありながら（聖のように万物を）化（育）することが（でき）ないのは、（まだ）智（のレベル）にすぎない。（万物を）化（育）しながら（その働きを）知らないとするのは徳である。（万物を）化（育）しながら（その働きを）知っているとするのは徳を失うことである。

道というもの、徳というもの、一というもの、天というもの、君子というものは、（等しく）その外物にわずらわされず心の中に聖気が現れるようにし、それを天下に満ち溢れさせて万物を化育するように務める状態においてはこれを徳といい、それを実践することを道といい、亓賢……者備…………、だからいきり立つように起こるというのである。ほとんどこれに到達した者である。……是…………善…………聖の境地にあって後退のあることを忘れ、聡明の境地にあって自己の叡知を捨て去り、兪己而上………これを見たら則……不用焉……。これを天下に修めるのである。恒…経。経は極めて素朴で極めて精密で、どのようにして………をなしえよう。執……胃、……胃……所……亓……、自分でしでかす者は、……聡明である。見ることのできない者はこう考える。……手足不……度為者……則……度為者、好というのは受けている……に厚・薄の差異があることをいう。その（最）善（の方法）は（人から）後れて行動するのと同じ。（人が積み重ねていった）後から高地に登ると、登り着いた高地は一段と高くなっており、……その受けているものとは、その所有していたものを受けるのである。……有……獲得することを求めてはならない。

参考文献目録（「五行篇」「九主篇」「明君篇」「徳聖篇」に関するものに限り、墓葬や被埋葬者などに関する研究は除く。）

全篇に渉るもの

1　馬王堆漢墓帛書整理小組『馬王堆漢墓帛書（壹）』（線装本、一函二冊）文物出版社　一九七四年九月、龍渓書舎一九七六年九月（縮刷版）
2　馬王堆漢墓帛書整理小組『馬王堆漢墓帛書（壹）』（線装本、一函八冊）文物出版社　一九七五年一月
3　国家文物局古文献研究室編『馬王堆漢墓帛書（壹）』文物出版社　一九八〇年三月
4　裘錫圭「馬王堆《老子》甲乙本巻前後佚書与〝道法家〟――兼論《心術上》《白心》為慎到田駢学派作品」『中国哲学』第二輯　三聯書局　一九八〇年三月
5　李正光編『馬王堆漢墓帛書竹簡』湖南美術出版社　一九八八年二月
6　浅野裕一『黄老道の成立と展開』創文社　一九九二年二月
7　近藤浩之「馬王堆漢墓関係論著目録」『中国出土資料研究』創刊号　一九九七年三月

五行篇・徳聖篇関係

8　龐朴「馬王堆帛書解開了思孟五行説之謎――帛書《老子》甲本巻後古佚書之一的初歩研究」『文物』一九七七年第一〇期　後、(15) 研究書に収める。
9　徐洪火「《老子》甲本巻後古佚書之一釈文校補選録」『西南師範院学報（哲社）』一九七八年第二期
10　夏平「帛書《老子》甲本巻後古佚書引《詩》所用抄本時代考」『急就二集』中華書局香港分局　一九七八年五月
11　島森哲男「馬王堆出土儒家古佚書考」『東方学』第五十六輯　一九七八年七月
12　島森哲男「慎独の思想」『文化』第四十二巻三・四号　一九七九年三月

13　龐朴「帛書《五行篇》校注」『中華文史論叢』一九七九年第四期　後、(15)研究書に収める。
14　龐朴「思孟五行新考」『文史』第七輯　一九七九年一二月　後、(15)研究書に収める。
15　龐朴『帛書五行篇研究』斉魯書社　一九八〇年七月
16　譚戒甫「論子孟五行説的演変」『中国哲学』第四集　一九八〇年一〇月
17　李耀仙「思・孟子五行説考弁」『抖擻』第四五期　一九八一年七月
18　趙光賢「新五行説商榷」『文史』第十四輯　一九八二年七月
19　陸鉄乗「五行説与子思孟軻及鄒衍鄒奭——荀子非十二子篇釈義」『教学与研究』第五期　一九八三年六月
20　「孟学派考弁」任継愈主編『中国哲学発展史（先秦）』人民出版社　一九八三年八月
21　影山輝國「子孟五行説——その多様なる解釈と龐朴説」『東京大学教養学部人文科学科紀要』八十一（漢文学XXⅡ）一九八五年三月
22　浅野裕一「帛書『五行篇』の思想史的位置——儒家による天への接近——」『島根大学教育学部紀要（人文社会科学編）』第十九巻　一九八五年一二月　後、(6)研究書に収める。
23　李学勤「帛書《五行》与《尚書・洪範》」『学術月刊』一九八六年一一月号　後、『李学勤集』（黒竜江教育出版社、一九八九年）に収める。
24　龐朴「《五行篇》評述」『文史哲』一九八八年第一期　後、(25)研究書に収める。
25　龐朴『帛書五行篇研究』第二版　斉魯書社　一九八八年
26　魏啓鵬「思孟五行説的再思考」『四川大学学報（哲社）』一九八八年第四期
27　池田知久「漢墓出土帛書老子甲本巻後古佚書五行篇訳注」（一）（二）（三）（四）（五）『二松学舎大学論集』第三二号〜第三五号　一九八九年三月〜一九九二年一〇月、なお（五）のみ二松学舎馬王堆帛書研究会発行。
28　齋木哲郎「秦・秦漢期の陰陽五行思想と自然認識（上）」『鳴門教育大学研究紀要（人文社会科学）』第五巻

一九九〇年三月
29 黄俊傑「孟子後学対心身関係的看法――以馬王堆漢墓帛書《五行篇》為中心」『清華学報』新二十巻第一期 一九九〇年六月
30 黄俊傑「荀子非孟的思想史背景――論〈子孟五行説〉的思想内函」『国立台湾大学歴史学系学報』第十五期 一九九〇年一二月
31 楊儒賓「徳之行与徳之気――帛書五行篇・徳聖篇論道徳・心性与形体的関聯」『中国文哲研究的回顧与展望論文集』中央研究院中国文哲研究所 一九九〇年
32 Chun-chieh Huang, "On Five Activities From Ma-Wang-tui : The Mind-Body Unity and Its Manifold Significans", Proceedings of National Science Council, ROC, Part C : *Humanities and Social Sciences*, Vol.1, No.1 January 1991. 一九九一年三月
33 魏啓鵬『馬王堆漢墓帛書 徳行校釈』巴蜀書社 一九九一年八月
34 池田知久『馬王堆漢墓帛書五行篇研究』汲古書院 一九九三年二月
35 黄俊傑「馬王堆帛書《五行篇》「形於内」的意涵――孟子後学身心観中的一個関鍵問題」『孟学思想史論』東大図書公司 一九九一年一〇月
36 盧瑞容「馬王堆帛書『五行篇』中『義』与『徳』的涵義探討」『大陸雑誌』第八五巻第五期 一九九二年一一月
37 龐朴「帛書五行篇」『社会科学中国文化』第五期 一九九四年五月
38 池田知久「馬王堆帛書《五行篇》所見身心問題」『馬王堆漢墓研究文集（一九九二年馬王堆漢墓国際学術討論会論文選）』湖南出版社 一九九四年五月
39 廖名春「思孟五行説新解」『哲学研究』一九九四年第一一期 一九九四年一一月
40 汪義麗「論帛書五行篇中『心』与『気』的関係」『孔孟学報』第七一期 一九九六年
41 饒宗頤「五徳終始説新探」『中国史学上之正統論』（学術集林叢書）上海遠東出版社 一九九六年八月

42　齋木哲郎「長沙馬王堆漢墓出土帛書『五行篇』新解――秦儒との関係を中心として――」『中国出土資料研究』第二号　一九九八年三月
43　李学勤「从簡帛籍《五行》談到《大学》」『孔子研究』一九九八年第三期
44　西　信康「『孟子』万章下篇『全声而玉振之』考――馬王堆漢墓帛書『五行』を手がかりに」『北海道大学大学院文学研究科研究論集』第六号　二〇〇六年一二月

郭店楚簡五行篇関係

45　潘小慧「《五行篇》的人学初探――以〝心―身〟関係的考察為核心展開」『哲学与文化』二六巻第五期
46　宋啓発「従《論語》到《五行》――孔子与子思的幾点思想比較」『安徽大学学報（哲社版）』一九九五年第五期
47　郭梨華「〝徳之行〟与〝行〟的哲学意義」『台湾中国文化大学史学系主辦第一届簡帛学術討論会論文』一九九九年一二月
48　末永高康「「知ること」と「気付くこと」――『五行』の理解のために」『鹿児島大学教育学部紀要（人文社会学編）』第五二巻　二〇〇〇年
49　湖北省荊門市博物館「荊門郭店一号楚墓」『文物』一九九七年第七号
50　湖北省荊門市博物館編『郭店楚墓竹簡』文物出版社　一九九八年五月
51　邢文「楚簡五行試論」『文物』一九九八年第一〇期
52　龐朴「竹帛《五行》篇比較」『郭店楚簡研究（中国哲学第二十輯）』遼寧教育出版社　一九九九年一月
53　邢文「《孟子・万章》与楚簡《五行》」『郭店楚簡研究（中国哲学第二十輯）』遼寧教育出版社　一九九九年一月
54　齋木哲郎「郭店楚簡『五行篇』覚書」『東洋古典学研究』第八集　一九九九年一〇月
55　池田知久「郭店楚簡『五行』訳注」東京大学郭店楚簡研究会編『郭店楚簡の思想的研究』第一巻　一九九九年

一一月

56 池田知久「郭店楚簡『五行』の研究」東京大学郭店楚簡研究会編『郭店楚簡の思想的研究』第二巻 一九九九年 後、池田知久編『郭店楚簡儒教研究』汲古書院 二〇〇三年所収

57 池田知久「郭店楚簡《五行》研究」『郭店楚簡与儒教研究（中国哲学第二一輯）』遼寧教育出版社 二〇〇〇年一月

58 郭梨華「簡帛《五行》的礼楽考述」『哲学与文化』二六巻第五期

59 丁四新「略論郭店楚簡《五行》思想」『孔子研究』二〇〇〇年三期

60 龐朴『竹帛《五行》篇校注及研究』万巻楼図書有限公司 二〇〇〇年六月

61 魏啓鵬『簡帛《五行》箋釈』万巻楼図書有限公司 二〇〇〇年七月

62 陳麗桂「従郭店竹簡《五行》検視帛書《五行》説文対経文的依違情況」『哲学与文化』二六巻第五期

63 龐朴「竹帛《五行》篇与思孟五行説」『哲学与文化』二六巻第五期

64 龐朴「竹帛《五行》篇比較」『中国哲学』第二〇輯

65 廖名春「楚簡《五行》篇引《詩》考」『李学勤先生従事学術活動四五周年記念文集』上海人民出版社 二〇〇〇年

66 丁四新『郭店楚墓竹簡思想研究』東方出版社 二〇〇〇年一〇月

67 涂宗流・劉祖信「《五行》通釈」『郭店楚簡先秦儒家佚書校釈』万巻楼図書有限公司 二〇〇一年二月

68 郭沂『郭店竹簡与先秦学術思想』上海教育出版社 二〇〇一年

69 孫開泰「《郭店楚墓竹簡・五行》篇校釈」『簡帛研究二〇〇一』広西師範大学出版社 二〇〇一年九月

70 谷中信一「関于《郭店楚簡・五行篇》第三六号簡背面所写的字」『国際簡帛研究通訊』第三期

71 浅野裕一「『五行篇』の成立事情――郭店写本と馬王堆写本の比較――」『中国出土資料研究』第七号 二〇〇三年三月

72 西信康「郭店楚簡『五行』の論述形式と符号――第二段落を中心に――」『中国哲学』第三三号 二〇〇四年三月

73　李存山「従簡本《五行》到帛書《五行》」『郭店楚簡国際学術研討会論文集』湖北人民出版社　二〇〇五年五月
74　郭梨華「竹簡《五行》的五行研究」『郭店楚簡国際学術研討会論文集』湖北人民出版社　二〇〇五年五月
75　西　信康「郭店楚簡『五行』の思想と構造——第一段落を中心に——」『中国哲学』第三五号—伊東倫厚教授追悼号—　二〇〇七年八月

九主篇関係

76　凌襄（李学勤）「試論馬王堆漢墓帛書《伊尹・九主》」『文物』一九七四年一一期
77　厳一萍「伊尹・九主」『帛書竹簡』　芸文印書館　一九七五年九月
78　河図洛書出版社編集部「伊尹・九主」『帛書老子』河図洛書出版社　一九七五年一二月。
79　浅野裕一「古佚書『伊尹九主』の政治思想」『島大国文』第十二号　一九八三年一〇月、後、（6）研究書に収める。
80　三條彰久「『呂氏春秋』と伊尹説話」　中国古代史研究会編『中国古代史研究（第六）』研文出版　一九八九年一一月
81　三條彰久「馬王堆帛書『伊尹・九主』をめぐって——訳及び注——」『史学』第六二巻三号　一九九三年一月
82　『馬王堆漢墓出土老子甲本巻後古佚書九主篇訳注（一）～（四）』二松学舎大学馬王堆帛書研究会　一九九三年三月～一九九六年三月
83　連劭名「帛書《伊尹・九主》与古代思想」『文献』第五七輯　一九九三年七月
84　余明光「帛書《伊尹・九主》与黄老之学」『道家文化研究』第三輯　上海古籍出版社　一九九三年八月
85　魏啓鵬「前黄老形名之学珍貴佚書《伊尹・九主》」『道家文化研究』第三輯　上海古籍出版社　一九九三年八月
86　裘錫圭「読簡帛与文字資料札記」『簡帛研究』第一輯　法律出版社　一九九三年一〇月
87　渡邊賢編「馬王堆漢墓出土老子甲本巻後古佚書九主篇訳注」『中国出土資料研究』創刊号　一九九七年三月

明君篇関係

88 湯浅邦弘「馬王堆帛書『明君』の思想史的意義」『中国研究集刊』宙号　一九八八年六月
89『馬王堆漢墓出土老子甲本巻後古佚書明君篇訳注（一）』二松学舎大学馬王堆帛書研究会　一九九六年三月
90 會谷佳光編『馬王堆漢墓出土老子甲本巻後古佚書明君篇訳注」『中国出土資料研究』第二号　一九九八年三月

付記　本参考文献目録は、近藤浩之氏の「馬王堆漢墓関係論著目録」（『中国出土資料研究』創刊号　一九九七年三月）を基にして、それ以後の研究成果を増補して作製した。

あとがき

この書の「あとがき」を書くのは、これで三度目となる。けれども改版して三度出版したというのではない。出版にこぎつけるまでに三度書き改めている、ということである。最初、「あとがき」を書いたのは、この書の執筆の依頼を受けてその草稿を書き上げた時。二度目は郭店楚簡「五行篇」が出土して、それに伴って草稿を書き改めた時。そして今回の「あとがき」再修訂である。最初の「あとがき」には平成九年八月の日付が入っているから、都合ほぼ十年の日時が経ってしまったことになる。

私が十年前になぜこの書の執筆を引き受けたかというと、更に一年前の平成八年の七月に早稲田大学文学部で開催された、その年第一回の中国出土資料研究会での研究発表にまで遡る。発表のタイトルは「『帛書五行篇』新解―秦儒との関係について―」。発表を終えて鳴門の大学宿舎まで戻ってくると、すぐに本書の編集委員代表者池田知久先生より電話がかかってきた。今度、中国出土文献訳注シリーズを刊行するから、その内の馬王堆帛書『老子』甲本巻後古佚書を担当せよ、とのご下命である。その折、私は秦漢期の儒教研究に加え、唐の啖助・趙匡・陸淳の『春秋』関係文献の訳注作成作業も進めていたことから、辞退しようとしたのであるが、なにがしかの功名心もあって、結局その依頼を引き受けてしまったのであった。

私が馬王堆帛書「五行篇」を読んだのは、はじめからこの書の持つ重大な意義に気づいたからではない。たまたま、秦漢期における陰陽五行説の展開を調査していた時に、私には帛書「五行篇」の五行説が董仲舒の五行説＝私がモラリズムの宇宙論と呼ぶ五行説に、影響を与えているように思われたからである。それから更に、帛書「五行篇」の成立が『禮記』大学篇や中庸篇の成立を介して秦儒との関連を有することが思われて、帛書「五行篇」の研究にのめり込むことになった。

その段階での私は、帛書「五行篇」は『荀子』非十二子篇に見えている「子思・孟子の五行説」に由来しながら、それを更に発展させた後時の儒者の作品とする、いわば二段階成立説を採っていたのであるが、そうした認識が正鵠を射ていたことは、図らずもその後湖北省荊門市郭店楚墓より出土した竹簡「五行篇」が帛書「五行篇」に先行した紀元前三百年頃の作品であり、そこには帛書「五行篇」には存在した「経」の部分はあっても「説」の部分は無かったことによって証明されることとなった。今後は新たな出土資料の増多によって先秦・秦漢期の思想史に関する通説は大幅に改められてゆくことになろうが、五行篇に関して言えば、郭店楚簡「五行篇」が馬王堆帛書「五行篇」にまで拡大する過程、つまり「五行篇」の「経」の部分に「説」の解説部分が加わる過程で、大学篇や中庸篇を製作した儒者達が関与している事実が確認され、それによって秦代やそれ以前の儒教の活動が明らかになることを期待したい。

さて、本書の刊行に当たっては東方書店の川崎道雄氏に終始お世話いただいた。氏に対し、この場をお借りして厚くお礼を申し述べさせていただきたい。また鳴門教育大学社会系講座倫理学ゼミに所属して本書の草稿を校閲し校正の任に当たってくれた喜多美雪・山ノ内研二・中司靖・福沢和美の四君にも礼を述べたい。彼ら四君はすでに鳴門教育大学を卒業し、教員や公務員となって活躍中であるが、この書の刊行が彼ら四君にとっても大学在籍時における研鑽のモニュメントとなれば幸いである。

二〇〇七年一〇月

齋木哲郎

◆**春秋事語**『春秋事語』 **野間文史** **定価三九九〇円（本体三八〇〇円）** *ISBN978-4-497-20703-6*
春秋時代の史実を記した全一六章の説話集。『左伝』と内容が重なる章もあるが、『左伝』などが伝えない批評者言を追記することを特徴とする。闕文は多いものの、先秦の書物の伝承の実態が窺える貴重な史料。

戦国縦横家書『戦国縦横家書』 **大西克也・大櫛敦弘**
戦国時代の書簡や故事など、二七篇からなる。そこには『史記』や『戦国策』といった既存の史料には見られない記事も多く含まれており、従来とはまたひと味違った戦国時代の諸相が示されている。

足臂十一脈灸経他『足臂十一脈灸経』『脈法』『陰陽脈死候』『陰陽十一脈灸経』甲本・乙本 **林克・浦山きか**
中国思想史上の中心的概念である人体の「気」は、伝統医学における最重要の概念である。「気」と「脈」の始原の姿を記す諸篇を収録した本訳注は、文字の全面的な見直しから始め、多くの箇所で新たな見解を示す。

◆**五十二病方**『五十二病方』**小曽戸洋・長谷部英一・町泉寿郎** **定価五〇四〇円（本体四八〇〇円）** *978-4-497-20709-8*
『五十二病方』は帛書二五頁分に古隷で書かれた医方書で、現存字数は一万字弱。五二種の病気に対し二七〇余の治療法を掲載する。本訳注では、執筆者らの新知見による斬新な研究成果を示す。

却穀食気・導引図他『却穀食気』『導引図』『養生方』『雑療方』 **坂内栄夫・白杉悦雄**
体内の気を純化する神仙技法の書（『却穀食気』）、先秦時代より長生の術として伝えられる導引の図（『導引図』）、補益・強壮を始めとして多方面にわたる養生のための処方集（『養生方』『雑療方』）を収める。

胎産書・十問他『胎産書』『十問』『合陰陽』『雑禁方』『天下至道談』 **大形徹**
『胎産書』は胎教や胞衣の処理などに関する書。人字図・南方禹蔵図も解説。『十問』『合陰陽』『天下至道談』は房中術の書。『十問』は理論を、後二者は具体的な技術を記す。『雑禁方』はさまざまな呪術の書。

◆印既刊

著者略歴

齋木哲郎（さいき　てつろう）

1953年生まれ。

大阪大学大学院文学研究科博士課程後期単位取得。

鳴門教育大学学校教育学部教授。東方学会賞受賞（1994年11月）。

著書

『礼学関係文献目録』（東方書店、1985）

『秦漢儒教の研究』（汲古書院、2004）

『「春秋啖趙集伝纂例」訓解』（1）～（7）（鳴門教育大学倫理学研究室、1991～1995）

『蘇轍「春秋集解」通解稿（全）』（鳴門教育大学倫理学研究室、2000）

『程伊川「春秋伝」通解稿及び補遺（全）』（鳴門教育大学倫理学研究室、2001）

『孫復「春秋尊王発微」通解稿（全）』（鳴門教育大学倫理学研究室、2001）

『陸淳「春秋集伝弁疑」通解稿（全）』（鳴門教育大学倫理学研究室、2002）

『「春秋胡氏伝」通解稿』（上）（中）（下）（鳴門教育大学倫理学研究室、2003～2004）

馬王堆出土文献訳注叢書《まおうたいしゅつどぶんけんやくちゅうそうしょ》

五行《ごぎょう》・九主《きゅうしゅ》・明君《めいくん》・徳聖《とくせい》

老子《ろうし》甲本《こうほん》巻後《かんご》古《こ》佚書《いっしょ》

二〇〇七年一〇月三〇日　初版第一刷発行

著　者●齋木哲郎

編　者●馬王堆出土文献訳注叢書編集委員会

発行者●山田真史

発行所●株式会社東方書店

東京都千代田区神田神保町一—三　〒一〇一—〇〇五一

電話〇三—三二九四—一〇〇一

営業電話〇三—三九三七—〇三〇〇

振替〇〇一四〇—四—一〇〇一

装　幀●戸田ツトム

印刷・製本●株式会社フクイン

定価はカバーに表示してあります

ISBN 978-4-497-20713-5 C3310

語句索引

※索引の「語句」は、「訓読部分」の「読み」に従って五十音順に並べてあります。
※九主篇索引の数字は「語句」が第何節にあるかを示しています。
※明君篇索引の数字は、「語句」が第何段の第何小段にあるかを示しています。

五行・徳聖篇索引

な行

は行

ま行

や行

ら行

わ行

九主篇索引

あ行

か行

索　引

明君篇索引

ま行

や・ら行